KB054719

사랑; 짓

사랑; 짓

연애의 모든 순간에 대하여

이정 지음

| 차례 |

chapter 2.

실속 있는 사랑 : 안티 루키즘

chapter 3.

사랑의 과학 : 현실과 판타지

chapter 4.

불타오른 사랑 : 열정과 애착

chapter 5.

흔들리는 사랑 : 위기의 연인들

세상 사람들은 사랑을 갈망합니다. 뜨겁게 사랑을 원합니다. 금요일 밤 도심의 거리는 사랑을 찾거나 키우는 사람들로 가득합니다. 카카오톡과 페이스북과 인스타그램에서 주고받는 대화의 상당부분도 로맨틱한 사랑을 얻기 위한 노력에 해당합니다.

사람들의 정서를 반영하는 대중가요도 대부분 사랑 이야기입니다. TV 드라마와 영화를 봐도 러브라인이 없는 경우는 희소합니다. 세상 사람들의 사랑에 대한 열망은 대중문화에 고스란히 담겨 표현됩니다. 마치 사랑에 대한 정보가 풍부한 것처럼 보이지만, 사실 우리가 사랑에 대해 배울 기회는 많지 않습니다. 수많은 노래 가사와 드라마 대사들이 스테레오타

입(stereotype)에 갇혀 비슷한 사랑 이야기를 무한히 반복한다는 비판이 과장은 아닙니다.

세상 사람들은 사랑을 갈망합니다. 그런데 이상하게도 사랑에 대해 배울 채널이 많지 않습니다. 사랑은 가르치고 배우는 것이 아니라고 여겨집니다. 우리는 사랑을 자습해야 합니다. 직접 사랑을 체험하고 좌절하고 성공한 후에야 사랑에 대해 뒤늦게 깨닫습니다. 주변 친구들이 고민을 나누고 조언도 하겠지만, 마찬가지로 독학을 통해 사랑을 배운 비슷한 수준의 친구가 충분한 정보를 주기는 힘듭니다.

사람들이 이토록 사랑을 갈구하는데 정작 사랑에 대한 정보는 찾기 힘든 불균형을 해소하고 싶었습니다. 사랑이 주제인 몽환적이고 추상적인 잠언 대신에 구체적이고 실용적인 정보를 모아 알리고 싶었습니다. 그래서 이 책을 쓰게 됐습니다.

어떤 마음이 생겨야 사랑이 시작된 거라고 판단할 수 있을까요? 사랑의 위기는 어떤 징후를 보이며, 위기를 반전시킬 수 있는 방법은 또 무엇일까요? 매력적인 상대에게 나의 매력을 어필하려면 어떻게 말하고 행동해야 할까요? 좋은 키스라는 건 또 무엇일까요? 사랑을 하는 데 꼭 필요한 정보들을 세상에 알려주면 좋을 것 같았습니다. 그래서 이 책을 쓰게 됐습니다.

책에는 제안도 숨어 있습니다. 저마다 부족한 점이 있지만 마음을 열고 널리 사랑을 하자고 제안합니다. 미디어가 우리의 머리에 주입한 미의 기준에 속지 않아야 더 풍부한 사랑의 기회가 열린다고 말하려 했습니다. 외면적이고 객관적인 조건보다는 상대의 정신이 더 큰 행복을 줄 수도 있음을 보여주는 과학적 증거를 소개하려 했습니다. 이런저런 세속적 기준의 포로가 되지 말고 편견 없이, 그리고 자유롭게 사랑의 기쁨과 아픔을 만끽하길 기원합니다.

사랑을 시작하는 사람은 망망대해로 떠나는 모험가입니다. 성취의 희망은 물론이고 좌초의 가능성까지 모두 각오했을 것입니다. 가슴이 설레면서도 조마조마할 것 같습니다. 용감하며 설레며 염려하는 그분들에게 이 책이 부족하더라도 가이드가 된다면 좋겠습니다.

2018년 10월

이정

chapter 1

여우 같은 사랑 : 유혹의 기술

사랑은 유혹이다. 상대를 속이거나 현혹시켜야 한다는
건 물론 아니다. 하지만 상대방의 마음을 흔들고 정신
없게 만들어야 한다. 상대가 나를 만나기 전 젖어 있던
꿈에서 깨어나도록 하고, 나를 향해 각성하도록 만들어
야 사랑이다. 사랑도 치열한 인간관계다. 모든 인간관
계가 그런 것처럼 사랑에도 약간의 트릭과 작전, 그리
고 계산이 필요하다.

내가 좋아하는 것들로 나를 담다

♥

길거리 또는 공원에 개를 데리고 다니는 남자들이 많다. 그들은 왜 개와 함께 산책하는 것일까? 개를 사랑해서? 당연히 그럴 것이다. 그런데 그 이상의 이유도 있을 수 있다. 개를 데리고 다니면 좋은 사람으로 보일 수 있다는 걸, 세상 남자들은 무의식적으로 깨달은 것인지도 모른다.

여성들을 모아놓고 두 남자에 대한 이야기를 들려주었다. A는 험담의 대상이었다. 나쁜 남자로 소개했다. 바람기도 있고 애인과 잘 다투는 사람이라는 것이다. B는 좋은 남자라고 소개했다. 자녀와 친하게 지내고 또 가족을 위해 열심히 일할 사람이라고 했다.

여성들이 인기투표를 하면 어떤 결과가 나올까? A보다는

B에게 더 호감을 느끼는 게 당연하다. 그런데 강아지가 끼어들자 판세는 완전히 역전되었다.

여성들에게 나쁜 남자 A가 강아지를 데리고 찍은 사진을 보여주고, B는 혼자 있는 사진을 보여주었더니 뜻밖의 반응이 나왔다. A가 더 사귈 만한 사람 같다고 여성들은 말했다. 분명 바람둥이에 나쁜 남자라는 걸 알고 있는데도 A가 더 높은 호감을 얻은 것이다.

여성들이 A에게 호감을 느낀 원인은 바로 강아지다. 강아지와 함께 있으면 사람이 훨씬 매력적으로 보이게 되어 있다. 이는 다니엘 J. 크루거(Daniel J. Kruger) 외 미국 미시건 대학교 연구진이 이스라엘 여성 100명을 대상으로 연구하고 밝혀낸 사실이다. 연구 결과는 이렇게 요약할 수 있을 것이다. "강아지를 사랑하는 남자가 더 사랑스럽다."

왜 강아지를 사랑하는 모습이 여성들의 호감을 이끌어낸 걸까? 강아지를 기르기 위해서는 자기희생과 불편을 감수해야 한다. 사랑의 마음이 커야 한다. 당연히 개를 기르는 남성은 더 헌신적이고 착한 것처럼 보이는 것이다. 그래서 애견인 남성은 여성들에게 호감을 살 수 있다.

이성의 전화번호를 얻을 때도 강아지가 큰 도움을 준다.

니콜라 게강(Nicolas Guéguen) 교수 외 프랑스 남브르타뉴 대학교의 연구진이 그 사실을 증명했다. 20세 남성이 여성들에게 전화번호를 묻는 실험을 진행했다. 혼자 여성들에게 접근했을 때와 반려견을 데리고 갔을 때 반응이 전혀 달랐다.

개를 동반하지 않고 홀로 전화번호를 물었을 때는 120명 중 11명이 전화번호를 알려줬다. 개를 데리고 접근하니 그 수가 34명으로 늘었다. 전화번호 얻을 확률이 세 배 이상 높아졌다. 개가 여성들의 마음을 열었던 것이다.

같은 실험에서 확인된 바로는 구걸을 할 때도 강아지가 힘이 됐다. 한 남자가 길거리에서 행인들에게 돈을 좀 달라고 청했다. 남자 혼자 있을 때는 80명 중 9명이 돈을 줬지만, 개와 함께 구걸을 하니 28명이 돈을 건넸다. 개를 데리고 다니면 구걸에 성공할 확률이 세 배 가까이 높다.

여성의 경우에도 개는 큰 도움을 주었다. 여성이 똑같은 구걸에 나섰는데 개가 없을 때는 100명 중 26명이, 개가 있을 때는 51명이 돈을 줬다. 돈 주는 사람이 두 배로 늘었다. 개 덕분이다.

강아지는 판타지를 불러일으킨다. 사실이든 아니든 견주가 마음이 따뜻한 사람인 듯 보이게 만드는 마법을 부린다. 도와주고 싶고 마음의 문도 열고 싶어진다.

이성을 소개받는 자리에 개를 데리고 갈 수 있다면 좋을 것이다. 그게 어렵다면 강아지 사진을 지갑이나 스마트폰에 담아가서 데이트 상대에게 보여주는 것도 효과가 높을 것이다. 특히 여성들에게 잘 통할 작전이다. 여성은 귀여운 강아지 사진에 매료되는 동시에 사진 소유자에게도 마음을 열 가능성이 높다.

한편 가장 위험한 발언은 이런 것이다. "저는 개 싫어해요." 차갑고 정이 없는 사람으로 보일 수 있다. 아주 비뚤어진 성격이라고 상대가 생각할 수 있다.

오해는 하지 말자. 당장 개를 한 마리 구하라는 말이 아니다. 개를 키우고 개를 아껴야만 사랑에 성공할 수 있다고 주장하는 게 아니다. 더 넓고 일반적인 주제를 말하려고 한다. 자신이 좋아하는 것을 적극적으로 내세워야 상대를 매료시킬 수 있다는 것이다. 개를 앞세워야 전화번호를 얻을 수 있는 것과 비슷한 이치다.

조용필을 좋아한다면 당신은 클래식한 취향을 가졌고 방탄소년단(BTS)이 좋다면 당신의 취향은 트렌디한 편이다. 에너지가 폭발하는 클럽을 좋아하는 사람과 침묵 속에서 책 읽기를 좋아하는 사람은 분명히 다른 이미지다. 당신이 무엇을 좋아하느냐에 따라 당신의 모습이 결정된다. 당신이 좋아하는 것의 총합이 바로 당신이다.

이성을 처음 만나면 무엇을 좋아하는지 묻고 답하면서 시간을 많이 보낸다. 무엇을 좋아하는지 목록을 만든 후 데이트에 나가는 것이 효과적이다. 영화, 연예인, 드라마, 음악, 음식 등 다양한 분야에서 자신이 무엇을 좋아하는지 정리해보자. 그리고 이성 앞에서 열심히 이야기해주면 된다. 강아지를 데리고 산책하는 그들처럼 당신도 좋아하는 것들을 통해 스스로를 어필할 수 있다.

같은 걸 싫어하는 네가 좋다

♥

남녀가 처음 만났다. 분위기는 무척 어색하다. 무슨 이야기를 할까 고민하고 모색하던 두 사람이 드디어 공통의 주제를 찾아냈다. 영화 이야기가 나왔는데 둘 다 그 영화를 봤다. 두 사람 모두 공통점을 확인하고 유대감을 높일 찬스라고 여길 것이다. 대화는 이렇게 진행될 가능성이 높다.

A : 저는 그 영화를 아주 재미있게 봤어요.

B : 그래요? 저도 그 영화 좋아하거든요.

A : 연기도, 연출도 최고죠?

B : 맞아요. 우리 취향이 아주 비슷한가봐요.

A : 그렇네요. (웃음)

흔하고 뻔한 대화다. 데이트 초기에 상대의 마음을 사기 위해 '나도 좋아한다'고 말하는 경우가 많다. 공감을 표하는 것이다. 속셈은 간단하다. 동질감을 높여 상대방을 꾀려는 작전이다. '당신과 나는 같은 것을 좋아하니 친해질 수 있다'는 신호를 던지는 것이다.

당연히 가능하고 때로는 효과적인 사랑의 기술이다. 주의점이라고 해봐야 공감이나 동의를 표할 수 있는 포인트를 잘 잡아서 투척해야 하는 정도다. 그런데 이런 동감 작전은 공허한 것도 사실이다. 진정성이 부족하다는 의심도 든다. 상대가 나를 노리고 동의하는 척 연기한다는 느낌이 들 때도 생긴다.

사랑 전문가들이 쓴다는 더 좋은 방법이 있다. 그들은 호감의 공감보다 비호감의 공감이 더 효과적이라고 말한다. 비호감을 공유하고 나면 사람들은 더 높은 수준의 동질감을 느끼게 된다고 한다. 예컨대 이런 대화들이 그렇다.

> A : 사람들은 좋다는데 저는 그 영화 재미없었어요.
>
> B : 그래요? 저도 그 영화는 싫던데요.
>
> A : 결말이 억지스러워요.
>
> B : 같은 생각이군요. 반갑네요.
>
> A : 이 영화 싫어하는 사람 많지 않던데. (웃음)

A와 B는 비호감의 대상을 공유하고 있다. 동일한 것을 둘 다 싫어하는 것이다. 이 경우 연대감이 더 높아진다. 서로 더 잘 통한다고 생각하게 된다. 미국 사우스플로리다 대학교의 사회심리학자 제니퍼 보슨(Jennifer Bosson)의 연구가 그런 사실을 확인했다.

약 100명의 대학생들을 모아놓고 '톰'이라는 가상의 인물에 대해 평가하도록 했다. 톰은 성격이 좋지 않지만 성적은 좋다. 또 외모는 뛰어나지만 줏대가 없다. 톰을 싫어하는 사람이 있고 좋아하는 사람도 있을 것이다.

톰이 싫다고 말한 대학생들은 서로 친근감을 느꼈다. 톰을 싫어한다는 이유만으로 그들끼리 코드가 맞는다고 생각하고 가깝게 지낼 수 있을 것 같다고 봤다. 반면 톰이 좋다고 말한 학생들 사이에서는 그런 친밀감이 크게 발견되지 않았다. 그러니까 이런 식이다.

(1) "나도 그 사람 좋아해. 우리 잘 맞을 것 같다."
(2) "나도 그 사람 싫어해. 우리 잘 맞을 것 같다."

사람들은 어느 쪽으로 생각하고 말할까? (1)보다는 (2)가 다수다. 연구를 이끈 심리학자는 "같은 사람을 싫어하는 사람들끼리 만나는 걸 즐긴다"고 결론지었다. 그리고 이는 사람뿐 아니라 영화나 책 등 다양한 대상에도 적용될 것이라고 추정했다.

사람은 좋아하는 것에 더해 싫어하는 것 역시 꼭 있게 마련이다. 바로 여기서 서로의 동질감이 더 높아진다는 얘기다. 사실 우리 주변을 봐도 그렇다. 어떤 영화나 책이나 정치가를 함께 비난하면서 사람들은 가까워지고 동류의식을 느낀다. 누군가의 뒷담화를 나누면서 급속히 친해지기도 한다. 바람직하지 않다고 볼 수도 있지만 그것이 현실이다.

연애에서도 적용할 수 있는 원리다. 상대가 싫어하는 것에 대해 나도 비호감을 표현하면 친해질 가능성이 높아진다. 이런 물음이 좋은 질문이 될 수 있다.

- "요즘 본 영화 중에서 실망했던 게 있나요?"
- "재미없는 드라마나 책은 뭐였나요?"
- "제일 듣기 싫어하는 말은 뭔가요?"

물론 쉽지 않은 질문이다. 상대가 답을 잘하지 못할 가능성도 있다. 무엇인가를 싫어하고 비판하는 대신 착하게 긍정하는 모습을 보여야 한다고 배우고 자란 우리니 더 어렵다.

하지만 싫어하는 것도 인간의 권리다. 비호감도 사람의 자연스러운 감정이다. 비호감의 고백과 공유는 사랑의 좋은 무기다. 시도하지 않을 이유가 없다.

사랑한다는 것은 뭘까? 좋은 것을 함께하는 것이다. 두 사람이 연인이 되어 함께 시간을 보내고 결혼을 결심하는 이유도 무엇이든 공유하고 싶기 때문이다. 뒤집어 말하면 우리가 사랑을 하는 이유는 같은 것을 싫어하기 위해서다. 싫어하는 음식을 먹지 않아도 되고 비호감 장르의 영화를 굳이 보지 않아도 되니 사랑은 편한 것이다. 역설적으로 같은 것을 싫어하는 사람들의 사랑이 더 깊어질 수 있다.

우리는 '좋다'고 말하는 게 습관이 되어 있다. '싫다'고 말하면 부도덕한 사람으로 취급될 것만 같다. 다른 사람의 제안에 싫다고 반응하면 무례하다는 평가를 받을 것이라고 걱정한다. 그러나 싫으면 싫다고 적극적으로 말해야 한다. 좋은 것은 물론이고 싫은 것도 자유롭게 표현해야 내 삶이 편해질 뿐더러, 나와 비슷한 사람을 만나 사랑을 키우는 데도 도움이 될 것이다.

사랑할 때 떠오르는 질문

♥

기술적이고 수준 높은 질문은 상대를 매혹하는 고급 단계다. 그런데 막상 첫 데이트에서 어떤 질문을 해야 할지 사람들은 모른다. 뜨거운 사랑을 하고 싶은데 질문의 중요성을 몰라서 뻔한 질문과 대답만 주고받는다. 그 사이에 두 사람은 '내가 이러려고 소개팅에 나왔나' 하고 자괴감에 빠져들지 모른다. 데이트는 지루해지고 사랑에 대한 열망은 자포자기로 변할 것이다.

연애의 본질은 상대의 마음을 움직이는 게임이다. 처음 만난 남녀의 마음은 멀리 떨어져 있다. 그 마음을 움직여 서로 접근시켜야 사랑이 시작된다. 마음을 어떻게 움직일 수 있을까?

마음은 직접 만질 수 없으니 손을 쓸 수 없다. 또 마음은 '자기 맘대로'라서 명령도 통하지 않는다. 마음이 좋아할 것들을 미끼로 써서 유혹하는 수밖에 없다. 고급 자동차를 앞세워 재력을 과시해도 효과가 있을 것이다. 미모와 섹시한 근육과 상큼한 미소로 상대의 마음을 끌 수도 있다. 부자가 아니고 대흉근이 발달하지 않은 사람도 쓸 수 있는 방법이 바로 '말'이다. 구체적으로는 '기술적인 질문'이다.

　　좋은 질문 몇 가지만 던져도 상대의 마음을 얻을 수 있기 때문이다. 마술이나 사기처럼 들리겠지만 질문과 심리 변화는 과학에 기초한다. 미국의 사회심리학자가 '사랑의 질문 36개'를 발표한 적이 있다. 이 질문과 답을 주고받으면 남녀가 사랑을 느낄 확률이 높아진다는 것이다. 또 가까운 친구나 가족들에게도 효과가 있다고 했다. 서로를 더 깊이 이해하고 더욱 친밀해진다는 것이다.

　　뉴욕 주립 스토니브룩 대학교의 아서 아론(Arthur Aron) 교수가 제시한 질문들과 이론은 심리학계에서 여전히 인정받고 자주 인용되는데, 전체 36개 질문 중에서 우리와 문화적으로 이질적인 것들을 제외한 17가지를 소개한다.

(1) "맛있는 음식을 준비했다면 누구를 초대하겠어요?"

(2) "내일 어떤 일이 생기길 바라나요?"

(3) "혼자 노래 부른 마지막 때는 언제인가요? 어떤 노래였나요?"

(1)의 답은 친구거나 연예인일 수 있다. 현실의 정치가 혹은 작가여도 상관없다. 이 질문에 답한다면 자신의 마음 한 조각을 고백하는 것과 같다. 친구나 가족 중에서 누구를 소중하게 생각하는지 말해주는 셈이다. 또 어떤 문화 장르를 좋아하고 어떤 이상을 품고 있는지 드러낼 수도 있다.

(2)는 생활 속에서 느끼는 간절한 바람이 무엇인지 알게 해준다. "내일 시험을 잘 봤으면 좋겠다"거나 "거래처와의 미팅이 성공적이면 좋겠다" 같은 대답에서 당면한 어려움이나 소망을 알 수 있다. 이런 대답을 실마리로 대화를 이어가거나 용기를 주면 도움이 될 것이다. 실제로 이 질문을 하면 상대의 꿈을 이뤄줄 기회도 생긴다. "평일에 가까운 곳으로 여행을 갈 수 있다면 좋겠어요"라고 답했다면, 그 생각이 실현되게 해줌으로써 상대를 감동시킬 수 있다.

(3)에 대답했다면 혼자만 있을 때 느끼는 슬픔 혹은 기쁨을 고백하는 셈이다. 자신의 가장 사적인 모습을 공개하는 것

과 다름없다. 비밀의 순간을 공유한다는 건 두 사람이 친해지기 좋은 조건이 만들어졌다는 이야기기도 하다.

　(4) "인생에서 가장 감사한 것은 무엇인가요?"
　(5) "갑자기 특별한 능력이 생긴다면 무엇이 좋겠어요?"

　(4)는 비교적 답하기 쉬운 질문이다. "부모님께 가장 감사해요", "살아있는 하루하루가 감사해요", "좋은 친구들이 많은 걸 감사하게 생각해요" 등 다양한 답이 나올 수 있다. 주변의 무엇을 사랑하고 고마워하는지 말하도록 유도하는 질문이다. '나는 무엇에 감사한다'며 화답하면 두 사람은 마음이 따뜻한 대화를 나눌 수 있다.

　(5)는 판타지를 자극한다. SF영화처럼 재미있는 대화가 가능해진다. "갑자기 영어 원어민처럼 말할 수 있으면 좋겠어요", "로또 복권 넘버를 맞힐 수 있다면 좋겠어요" 등 여러 답이 나올 수 있다. 자신의 꿈같은 소원도 함께 말하면 분위기가 좋을 것이다. 어린아이처럼 즐겁게 마음대로 떠들면 스스럼없이 친해질 수 있다.

　(6) "당신의 미래를 볼 수 있다면 뭘 알고 싶어요?"

(7) "오랫동안 해보고 싶었던 일이 있나요? 왜 아직 못 했어요?"

(8) "인생에서 이룬 일 중에 가장 만족스러운 게 뭔가요?"

(6)에 대답한다면 미래에 이루고 싶은 소망을 드러내는 것이다. 혹은 미래에 대한 불안을 공개하는 것일 수도 있다. "시험에 합격할 수 있을지 알고 싶어요"라고 답했다면 그 사람의 소망(합격)과 (불합격에 대한) 불안이 동시에 노출된다. 상대가 마음의 문을 살짝 연 것이나 다름없다. 기회를 놓치지 말자. 자신의 미래 소망이나 불안을 말하면 좋은 대처가 될 것이다.

(7)은 과거와 현재의 소망을 말하도록 유도하는 질문이다. "프라하 여행을 가고 싶었는데 못 갔어요"라고 답하면 왜 프라하 여행을 꿈꿨는지, 프라하의 어떤 점이 매력적인지 묻는다. "좀더 행복한 사람이 되고 싶었는데 잘 안 되네요"라고 답한다면 어떻게 해야 행복할 수 있는지 같이 생각하고 말한다. 대화의 자연스러운 연결이 가능할 것이다.

(8)은 자기 삶의 어떤 것에 자부심과 만족감을 느끼는지 묻는 질문이다. 삶의 목표를 향해 어떤 노력을 하는지 알아낼 수 있다. 또 어떤 것이 성공적인 삶인지 가치관의 일단을 표출하는 계기가 만들어진다.

(9) "가장 소중한 기억은 뭔가요?"

(10) "가장 끔찍한 기억은 무엇인가요?"

(11) "1년 후 갑자기 죽는다면 자신을 어떻게 바꾸고 싶
나요?"

(9)와 (10)은 과거의 삶에 대한 내밀한 고백을 요구한다. 삶의 가장 중요한 순간과 가장 싫었던 일을 말해보라는 질문이다. 답하기 쉽지 않지만 상대가 대답하거나 말하려고 노력한다면 '대박'이 아닐 수 없다. 깊은 소통이 가능해지기 때문이다.

(11)은 심오하고 어려운 질문이다. 삶을 되돌아보고, 어떤 것이 아쉬운지 말해보라는 제안이다. 또한 죽음을 주제로 이야기할 수 있다면 인상 깊은 커뮤니케이션이 될 것이다.

(12) "가족들과 가깝고 따뜻한 관계인가요? 어린 시절 행
복했나요?"

(13) "엄마와의 관계는 어떤 것 같아요?"

(14) "남 앞에서 마지막으로 운 건 언제인가요? 남 몰래
혼자서 운 건 언제였나요?"

(12)는 어렵지 않게 답할 수 있는 질문이면서도 어린 시절의 추억을 공유하는 계기가 될 수 있다. (13)은 세상에서 가장 가까운 존재인 엄마와 어떻게 지내고 있는지 묻는다. 마음이 괜히 짠해지는 질문과 답이 될 것이다. (14)는 감정적으로 가장 극적인 순간을 회고하고 알려달라는 부탁에 해당한다. 이 질문에 관한 대화가 진행된다면 두 사람은 정서적인 뜨거움을 공유하는 셈이다.

(15) "당장 죽는다면 어떤 말을 안 한 걸 후회할까요?"

(16) "집에 불이 났어요. 가족과 동물 말고 단 하나의 물건만 갖고 나올 수 있다면 뭘 선택할까요?"

(17) "가족들 중에서 누구의 죽음이 가장 고통스러울까요?"

(15)는 평소 말하고 싶었지만 내뱉지 못해 안타까운 것이 무엇인지 마음을 열어 답해달라는 질문이다. 소망과 좌절에 대해 묻는 셈이다. (16)은 물건에 대한 애착을 묻는다. 인형이거나 노트북이거나 휴대전화일 수도 있다. 또는 책 몇 권과 손글씨 편지일 가능성도 있다. 어떤 물건을 가장 소중하게 여기는지 답하면 그 사람의 내면이 드러난다. (17)은 가족에 대한 사랑의 깊이를 고백하도록 하는 질문이다. 가족 중 한 명

혹은 여러 명을 답할 수도 있다. 질문을 순화해 "헤어져 있을 때 가족 중에서 누가 가장 보고 싶나요?"라고 물어도 좋다.

사람은 마음에 갑옷을 입고 산다. 낯선 사람은 말할 것도 없고 가까운 가족과 친구를 앞에 두고도 그 갑옷을 벗지 않는다. 내 마음을 숨기고 보호하는 것이 사람의 본성이다. 그 본성의 갑옷을 벗기는 게 이런 질문들이다. 상대의 경계심을 무너뜨리고, 마음의 문을 계속 두드려 열리게 만든다. 이처럼 마음을 흔드는 강력한 질문은 상대의 마음속에 숨어 있는 기쁨, 슬픔, 두려움, 후회, 소망, 애착 등을 드러내도록 유도한다. 깊고 솔직한 정서적 교감을 이끌어내는 질문들을 주고받다보면 사랑이 싹틀 가능성이 높다.

이 질문들을 그대로 하거나 조금 바꿔서 활용할 수 있을 것이다. 각자의 취향이나 가치관에 맞게 다음과 같은 응용 질문을 던질 수도 있다. 창의적인 질문일수록 상대와 훨씬 가까워질 것이다.

(18) "언제 가장 행복하죠?"

(19) "가장 슬펐던 때는요?"

(20) "가장 맛있다고 느끼는 음식이 뭐예요?"

(21) "동생과 사이는 좋으세요? 저는 별로인데."

(22) "애인이 있다면 가장 원하는 게 뭘까요?"

(23) "애인에게 뭘 해주고 싶으세요?"

(24) "하루 중 가장 기분 좋은 때가 언제죠?"

(25) "하루 중 가장 싫을 때는 언제인가요?"

(26) "어떤 일이 생기면 가장 기분이 나쁜가요?"

(27) "어떤 결혼식을 꿈꾸세요?"

(28) "삶이 1년 남았다면 뭘 해보고 싶어요?"

(29) "다시 태어난다면 어떤 사람이고 싶어요?"

(30) "제일 좋아하는 연예인과 싫어하는 연예인이 누구인 가요?"

데이트 때만큼 질문과 답변이 중요한 자리도 없다. 서로의 마음을 열고 교감하고 소통해야 데이트가 의미 있다. 그런데 뭘 물어야 할지 몰라서 귀중한 기회와 시간을 허비하는 경우가 흔하다.

많은 이들이 질문과 답변을 힘들어한다. 우리 사회가 질문과 답변을 장려하지 않아서다. 학교에서 학생들은 질문하지 않고 외우기만 했다. 가정에서도 엄마 아빠가 자녀의 질문에 대답하려고 최선을 다하지만 쉽지 않다. 부모들 또한 질문과 답변의 경험이 없는 학생이었기 때문이다.

연애가 상대의 마음을 자기 쪽으로 움직이는 게임이라면, 마음을 움직이는 가장 간단한 도구는 바로 질문이다. 배려 깊고 따뜻한 질문과 성실한 대답은 두 사람의 마음을 한 곳으로 옮겨놓는다.

여기 소개한 질문 유형들을 참고하면 도움이 될 것이다. 이렇게까지 구체적일 필요가 있을까 싶겠지만 데이트에서 어떤 질문을 하면 될지 가이드라인을 제시하는 '연습 예문'인 셈이다. 이런 질문을 자연스럽게 던지면 데이트 상대의 마음을 흔들 수 있고, 또 상대방이 호응하면 동시에 내 마음도 열려 사랑을 시작할 수 있을 것이다.

앞서 밝혔듯이 이 질문들은 처음 만난 남녀만을 위한 것은 아니다. 충분히 가까워진 연인이어도 좋다. 친구라도 상관없다. 가족이나 직장 동료 사이에서도 주고받을 수 있는 질문들이다. 이런 질문과 그에 대한 답변이 오가는 과정에서 사람들은 경계심을 풀고 오해를 풀고 마음의 빗장을 풀 것이다.

칭찬 더하기 기술

♥

입이 사랑의 운명을 결정한다. 어떤 말을 하느냐에 따라 사랑은 태어날 수도 있고 사멸할 수도 있다. 사랑의 순항과 좌초에 말이 큰 영향을 끼친다. 그러니 말에 신경을 많이 써야 한다. 더욱 매력적으로 말하고 감사를 자주 전하고 내 마음을 솔직하게 표현하려 노력해야 하는 것이다.

말을 빼어나게 잘할 자신이 없다면 칭찬 하나에만 전력투구하는 것도 나쁘지 않다. 칭찬을 잘하면 상대를 매료시킬 수 있다. 상대의 마음을 열고 더욱 가까워지는 것도 가능하다.

사랑에 필수적인 기술이지만 칭찬이 쉽지만은 않다. 상황을 어렵게 하고 관계를 꼬이게 만드는 어설픈 칭찬도 적지 않다. 그럼 어떻게 칭찬해야 할까? 여섯 가지 원칙을 따르면 된다.

🌸 원칙 1. 흔히 듣지 못한 칭찬을 해야 한다

매력적인 외모를 가진 이성을 만났다고 하자. 눈, 코, 입 모두 모양새가 뛰어났다. 이른바 '기럭지'라는 것도 우월했다. 감동에 겨워 이렇게 칭찬을 해버렸다. "정말 외모가 뛰어나세요."

외모가 뛰어난 사람들은 외모 칭찬을 귀가 닳도록 듣는다. 잘생겼다거나 아름답다는 사실을 스스로 제일 잘 알고 있다. 이런 사람에게 외모 칭찬은 지루하다. 창의적이지 않고 개성적이지도 않은 찬사다. 다시 말해 실패한 칭찬이다. 또 이렇게 뻔한 칭찬은 항복 선언처럼 들릴 수 있다. "당신에게 반했어요. 모든 걸 바치겠어요"라는 굴욕 멘트와 다를 게 없다. 상대는 더욱 도도해지고 나를 하찮게 여길 가능성이 높다. 칭찬을 잘못한 결과다.

그렇다면 어떻게 해야 할까? 상대가 듣고 싶은 칭찬을 해야 한다. 듣고 싶은데 잘 들을 수 없는 찬양의 멘트를 던져야 한다.

확률적으로 외모가 준수하다는 평가를 받는 사람들은 내면에 대한 칭찬을 갈망한다. 사람들이 자신의 외모에만 집중하기 때문에 지성과 감성을 칭찬하는 말을 원하는 것이다. "똑똑하다"거나 "머리가 좋다"는 식으로 말이다. 영화나 음악 이야기를 하면서 "취향이 뛰어나다"고 말해주는 것도 방법이다. 외모에 대한 칭찬을 수도 없이 들어 지겨웠을 상대에게는 외모 이야기를 꺼내지 말아야 한다.

마찬가지로 이른바 최고의 대학을 졸업한 상대에게 "스마트하다"는 칭찬은 헛수고다. 외모를 칭찬해야 환심을 살 가능성이 높아진다. 또는 "섬세한 감성을 가졌다"고 말하는 것도 좋다. 뇌가 아니라 마음에 대한 칭송이어서 흔하게 듣지 못했을 것이다.

칭찬도 '레어템(rare item)'이어야 한다. 상대가 원하지만 흔히 듣지 못했던 호평을 해줘야 마음이 넘어온다. 고대하던 창의적 칭찬을 할 수 있는 능력이 연애 능력을 크게 높인다.

원칙 2. 독특하다고 말해준다

사람은 누구나 자기가 독특하다고 생각한다. 자신이 남다른 매력과 장점을 가졌다고 믿고 싶어 한다. 그래서 이런 칭찬이 많은 경우 통한다. "넌 다른 사람들과 달라."

뉴질랜드 출신 작가 매들린 홀든(Madeleine Holden)이 추천한 칭찬이다. "넌 다른 여자들과 달라"가 아니다. '여자'를 언급하면 성차별적인 뉘앙스가 풍긴다. 상대를 충분히 존중하지 않는 느낌이 든다. 또 연애 경험이 지나치게 풍부한 인상을 남긴다. 남성의 경우 "너는 다른 남자들과는 달라"라는 말을 들으면 어떻겠나 생각해보면 된다.

"넌 다른 사람들과 달라"라고 말하면 성별 구분을 하지 않으면서 칭찬할 수 있다. 듣는 사람이 불편할 가능성이 낮다. 이런 칭찬은 "너는 아주 독특해(유니크해)"로 대신할 수도 있는데, 듣는 사람이 특별한 존재라는 느낌을 줄 수 있어 효과적이다. 물론 "너는 특별해"도 된다.

모든 사람은 남과 다르다. 그리고 남과 다른 특별한 점이 있다는 사실을 확인하고 싶어 한다. 그것을 진심으로 칭찬해주면, 상대가 감동할 수밖에 없다. 여자와 남자 모두에게 통할 효과적 칭찬이다.

❀ 원칙 3. 대가를 바라지 않고 칭찬한다

한 여자에게 낯선 남자가 다가와 웃으며 말을 건넸다. "당신은 내가 본 가장 눈부신 여자입니다." 여자는 순간 당황했지만 "고마워요"라고 답했다. 남자는 웃으면서 가던 길을 갔다. 미국 최대 인터넷 소셜 커뮤니티 레딧(Reddit)에서 인기를 끌었던 사연이다.

여자는 길거리에서 들은 그 칭찬을 잊을 수 없었다고 한다. 인생 최고의 칭찬이었다. 칭찬 자체도 멋있었지만 그 남자가 아무것도 바라지 않았기 때문이다. 남자는 한번 돌아보고는 가던 길을 갔다. 따라와서 전화번호를 물었던 것도 아니다. 대가 없는 칭찬이었다. 진심 같았다. 여자는 그 칭찬에 감사하고 감격할 수밖에 없었다.

이 일화는 중요한 사실을 알려준다. 대가를 바라지 않고 칭찬해야 한다는 것이다. 물론 대가가 없는 경우는 드물다. 나에게 호감을 갖기 바라면서 칭찬한다. 다음에 또 만나주길 원하지 않으면 굳이 피곤하게 칭찬할 이유가 없다. 그래도 목적을 대놓고 드러내면 안 된다. 원하는 대가가 있더라도 최대한 숨겨야 칭찬의 감동이 더 커질 수 있다.

- "꼬시려는(꾀려는) 건 아니고요. 매력적인 분이라고 생각해요."
- "또 못 봐도 좋아요. 그런데 당신을 만나서 아주 기뻤어요."

속마음은 '꼬시고(꾀고)' 싶지만, 그런 게 아니라고 선언한다. 이어서 칭찬을 하면 사심 없이 들릴 가능성이 높다. "다음에 또 못 본다고 해도"라고 말하면 욕심 없는 듯 연기할 수 있다. "아부하려는 것은 아니고"라는 말도 거리를 두면서 조건이 없다는 신호를 주는 데 도움이 된다.

✿ 원칙 4. 객관적인 척 칭찬을 던진다

처음 만난 자리에서는 자기 마음을 쉽게 드러내면 안 된다는 게 '사랑 컨설턴트'들의 공통된 지적이다. 진심을 노출하는 칭찬은 가까운 사이에는 효과적이지만 연애 초기 단계에는 부적절할 수 있다. 대신 객관적인 시선을 가장하면서 칭찬하는 게 낫다.

예컨대 이렇게 말하면 된다. "제가 했던 소개팅 중에서 최고였어요." 지난 모든 소개팅과 비교해보니 최고라는 말이다. 내 개인의 평가가 아니라 객관적인 평가를 하는 느낌을 준다. 신뢰를 얻을 수 있다. 다른 사람의 시선을 빌어 칭찬해도 효과가 높다.

- "많은 사람들이 당신을 좋아할 것 같아요."
- "당신은 주변 사람에게 큰 위로가 될 것 같아요."

'내가' 좋은 것이 아니다. '나에게' 위로가 되는 것도 아니다. '당신은 객관적으로 좋은 사람인 것 같다'는 메시지를 주는 것은 효과적인 청찬법이다.

🦊 원칙 5. 가까운 사이라면 깊은 마음을 드러낸다

어느 정도 친해진 사이라면 마음을 솔직하게 고백하면서 청찬하는 게 결과가 좋다. 이런 청찬은 어렵지 않다. 자기 마음을 섬세하게 읽고 과감히, 그리고 진솔하게 밝히면 충분하다.

- "너는 나를 미소 짓게 해."
- "네 덕분에 이곳이 환하다."
- "넌 모르겠지만 나에게 큰 힘을 줘."
- "널 보고 있으면 힐링이 된다."
- "만나기만 해도 위로가 돼."
- "너와 함께 있으면 시간이 잘 가."
- "너는 나의 베스트프렌드야."

그런데 반드시 주의해야 할 점이 있다. 너무 자주 청찬하면 임팩트가 약해진다. 청찬의 가치도 떨어진다. 상품을 과잉

생산하면 가격이 폭락하는 것과 같다. 나아가 진심마저도 의심받을 수 있다. 진심 없이 입버릇처럼 칭찬한다는 인상을 줘서는 곤란하다. 아껴가면서 적절한 간격으로 칭찬을 해야 한다. 칭찬도 남발하면 자책골이 된다.

원칙 6. 다른 사람들 앞에서 칭찬한다

둘만 있을 때에도 칭찬은 행복감을 주지만, 많은 사람들이 있는 곳에서 칭찬하면 상대는 더욱 강한 행복감을 느낀다. 또 기억에 오래 남는다. 예를 들어 모인 친구들 모두가 들을 수 있도록 연인에게 찬사를 보내면 어떨까. 크고 당당한 목소리로 말이다.

친구들 앞에서의 칭찬은 공개적인 약속과 같다. 그리고 다른 사람들에게 연인을 자랑스럽게 여긴다고 선언하는 것과 다름없다. 이런 찬사를 들은 연인은 무척 기뻐할 것이다. 같은 칭찬이라도 다른 사람들 앞에서 하면 몇 배의 효과를 거둘 수 있다.

부족한 우리 두 사람의 평균

♥

    낯선 사람 앞에서 자기 단점이 될 수 있는 정보를 다 드러내는 것이 좋을까, 숨기는 게 좋을까? 문화 혹은 개인의 성격에 따라 답이 다르겠지만, 미국 하버드 비즈니스스쿨의 연구자들은 숨기지 말라고 제안한다. 그래야 취업은 물론 데이트에서도 유리하다는 설명이다.

    예컨대 이런 질문과 응답 선택지가 있다고 하자.

    Q : 당신은 애인에게 거짓말을 한 적 있나요?
    A : (1) 전혀 (2) 몇 번 (3) 자주 (4) 답변 않겠음

    '(3) 자주'라고 답한 사람은 아주 솔직하다. 위험까지 감수

했다. 자신이 거짓말쟁이로 보일 수 있음에도 정직하게 말한 것이다. '(4) 답변 않겠음'을 택한 사람과 비교해보자. 어느 쪽을 더 신뢰할 수 있을까? (4)보다는 (3)을 고른 사람이 더 좋은 인상을 남길 수 있다. 연구자들 역시 (4)를 제외하고 솔직하게 답변하는 게 좋다고 조언한다.

사실 레슬리 K. 존(Leslie K. John) 교수가 연구 대상자들에게 던진 질문은 더 '독한' 것이었다.

> Q : 애인에게 성병에 걸린 걸 말하지 않은 일이 있나요?
> A : (1) 전혀 (2) 몇 번 (3) 자주 (4) 답변 않겠음

그리고 "약물을 한 적 있나요?", "100달러 이상의 물건을 훔친 적 있나요?" 등 센 질문도 이어졌다.

126명의 평가단에게 물었더니 답변 거부를 선택한 사람에 대한 호감도는 낮았다. 반면 모든 질문에 솔직하게 답변한 사람을 직원이나 데이트 상대로 선택하겠다는 평가가 79%에 이르렀다.

성병이라는 고약한 문제에 있어서도 마찬가지였다. 답을 거부한 사람보다 성병 감염 사실을 자주 숨겼다고 고백한 사람과 데이트하겠다는 사람들이 64%에 이르렀다. 나머지 36%

는 답변하지 않겠다고 말한 사람과 데이트할 것 같다고 답했다. 결국 '숨기는 사람'보다 '단점을 고백하는 사람'이 더 신뢰할 수 있고 매력적이라는 것이다.

상황 혹은 상대방에 따라 다르겠지만 솔직함은 매혹적인 무기가 될 수 있다. 자신의 장점이나 밝은 측면을 말하는 것은 쉽다. 반면 어둡거나 부족한 면모를 솔직히 드러내고 고백하는 것은 예상치 못한 펀치가 될 수 있다. 솔직한 매력을 뽐낼 수 있고, 또 당당하다는 인상을 줄 가능성도 높다.

(1) "저는 언제나 약속을 잘 지켜왔습니다."
(2) "저는 약속을 잘 지키는 편이지만, 몇 번은 어겨 친구들을 곤란하게 만들었습니다."

어떤 대답을 한 사람이 신뢰를 줄까? 취업 면접에서 누가 더 높은 점수를 받을까? 더 솔직하고 믿을 만한 사람처럼 보이는 건 (2)의 답변 쪽이다.

• "나 책 읽는 거 싫어해."
• "감추기는 싫네요. 저는 여자친구 많았어요."

• "나 성형수술 했어."

이런 솔직한 답변은 데이트나 사교에서 자신의 매력을 높일 수 있다. 물론 고려할 게 전혀 없는 건 아니다. 타이밍이 중요하다. 첫 만남이냐 혹은 이후의 만남이냐에 따라 강도 조절을 해야 한다. 처음부터 모든 단점을 과감하게 고백하는 건 바보 같은 자폭이다. 앞에서 본 것처럼 솔직한 사람을 선호하는 비율은 79%였다. 100%가 아니었다. 나머지 21% 정도는 솔직한 고백자에 대한 입장이 긍정적이지 않다는 점도 참고할 만하다.

그런 사정들을 고려한다고 해도 솔직하고 당당한 모습이 다른 사람의 마음을 움직일 수 있는 건 사실이다. 사회생활에서나 사랑에서나 약점을 쉽게 인정하는 태도가 오히려 강점과 매력이 될 수 있다. 솔직한 태도는 본인에게도 이롭다. 자신의 단점을 당당하게 고백한다는 건 자기노출을 두려워하지 않는다는 말이고, 스스로를 미워하지 않는다는 뜻이다. 이는 자신을 긍정하는 건강한 마음을 갖게 도와준다.

사랑은 사람들을 거짓말에 취약하게 만든다는 흥미로운 연구 결과가 있다. 온라인 매체 〈엔텔레키 저널(Entelechy

Journal)〉에 실린 내용이다. 미국 드폴 대학교의 팀 콜(Tim Cole) 교수에 따르면, 사랑하는 사람들은 애인이 거짓말을 해도 잘 느끼지 못한다. 물론 자신은 거짓말에 예민하다고 생각한다. 애인이 거짓말을 하면 틀림없이 눈치 챌 것이라고 믿는다. 사실은 반대다. 애인의 이야기에 뻔한 거짓말이 숨어 있어도 가려내지 못한다. 또 애인의 거짓말이 들통나도, 애인이 거짓말을 했다는 사실을 인정하는 데까지 오래 걸린다. 내 애인이 나에게 거짓말을 했으리라고 믿을 수 없는 것이다.

사랑하면 연인의 말을 그대로 믿게 된다. 거짓을 말할 것이라고 생각하지 않는다. 이 때문에 거짓말이 남기는 상처는 더욱 커질 수밖에 없다. 전혀 예상하지 못한 배신이 충격을 크게 남기는 법이다.

그래서 솔직함이 연애의 기본자세다. 데이트를 하면서 자신에 대한 거짓 정보를 흘려 상대를 현혹시키려는 사람들이 소수지만 분명히 있다. 거짓말로 이룬 사랑은 기반 없는 모래성과 다름없다. 언젠가는 무너져 상처를 주고받게 될 것이다.

연애에서의 거짓말은 대부분 악의에 찬 것이 아니다. 자신의 단점을 감추고 장점을 지어내는 거짓말을 하는 이유는 불안하기 때문이다. 내가 단점을 드러내면 상대가 나를 싫어하고 멀리할 것이라는 걱정 때문에 숨기고 거짓말을 한다. 그러나 앞에서 보았듯이 솔직하게 자기 단점을 말하는 사람은 매력적이다. 취약점을 드러내고 공유하면 서로 더욱 친밀해질 수도 있다. 솔직하게 자신을 노출하는 것도 사랑의 중요한 기술이다.

나를 가장 사랑해줄 수 있는 건

♥

물리학자 스티븐 호킹(Stephen Hawking)이 〈뉴욕타임스〉와 인터뷰를 하고 있었다. 기자가 호킹 박사에게 IQ가 얼마나 되느냐고 물었는데 이런 답이 돌아왔다. "모르겠어요. 그런데 자기 IQ를 자랑하는 사람은 부족한 사람(loser)입니다."

IQ가 높은 사람들은 호킹 박사처럼 IQ에 관심이 없을지 모른다. 적어도 자랑은 하지 않을 것이다. 왜냐하면 IQ를 자랑하면 다른 사람이 싫어한다는 걸 알기 때문이다. IQ가 낮은 사람들이나 이런 사실을 모르고 바보처럼 자기 자랑을 반복한다.

자기 자랑은 연애에서도 치명적이다. 예컨대 "우리 집 돈 많아", "나는 잘생겼다는 말을 많이 들어", "학창 시절에 인기 많았어", "우리 학교는 수준이 높지" 등의 TMI(Too Much Information) 자기소개는 듣는 사람을 짜증나고 피곤하게 만든다. 재수 없다는 생각이 든다. "누가 물어봤냐"고 묻고 싶어진다.

자기 자랑을 늘어놓는 사람이 왜 싫을까? 타인의 마음을 상상하고 배려할 능력이 없는 무능력자이기 때문이다. 앞에 앉아 있는 사람이 유치한 자기 자랑을 싫어할 수 있다는 걸 생각하지 못한다. 자기 자랑의 순간 느끼는 쾌락 속에 빠져들어 아무것도 보지 못한다.

자기 자랑을 떠드는 사람은 자기확신이나 자기긍정이 부족한 존재이기 십상이다. 내면에 대한 자신감이 없으니 재산, 학벌, 외모 등 외부적인 걸 자랑하면서 자신의 약함을 감추려고 하는 것이다. 자기 자랑은 가여운 행동이다.

그런데 데이트에서 모든 자기 자랑이 절대 금물인 것은 아니다. 연애 및 관계 전문가들이 추천하는 '기술적인 자기 자랑'이라는 것이 있다. 스토리, 약속, 감동이 담긴 자기 자랑은 상대를 괴롭히지 않으면서도 연애 성공 확률을 높일 수 있다.

먼저 '스토리가 있는 자기 자랑'이 필요하다. 자신의 삶이나 생활에서 일어났던 사건을 이야기처럼 전해주어야 한다.

거짓말을 하라는 것이 아니다. 거짓말은 곧 들통난다. 위험한 도박이다.

좋은 이야기 주제 중 하나는 '극복'이다. 어려운 일이 있었는데 그것을 어떻게 극복했는지 말해주면 상대가 호감을 갖기 쉽다. 자신의 의지로 어려움을 이겨냈다고 말하면 마음이 강한 사람이라는 인상을 준다.

> "고등학교 1학년 때 성적이 아주 안 좋았어요. 방황도 많이 했죠. 2학년 초에 마음먹었어요. 비겁하게 도망치지 않겠다고 말이죠. 공부로부터 도망치는 제가 싫었어요. 좋은 대학에 가진 못했지만 열심히 노력해 성적이 많이 올랐어요. 노력하는 것의 보람도 배우게 됐죠."

또 슬픔을 견뎌낸 사례를 들려주면 데이트 상대가 만족스러워할 것이다. 둘의 마음이 통할 계기가 될 수 있다. 쉽지 않았지만 목표를 이룬 경험을 이야기해도 효과적이다. 상대는 나를 목적의식이 뚜렷한 사람으로 볼 것이다.

'약속하는 자기 자랑'도 효과적이다. 표면적으로는 자기 자랑인데 사실상 약속이나 다름없는 말들이다. 이를테면 "나는 의리를 중요하게 생각한다" 또는 "연인이나 가까운 사람들에게 잘해주려고 노력하는 편이다"는 명백한 자기 자랑이다. 그러나 듣는 사람은 불편하지 않고 오히려 기분이 좋아진다. 자신에게도 의리를 지키고 친절할 것 같은 믿음이 생기기 때문이다. 또 "나는 마음이 튼튼한 편이라 잘 흔들리지 않는다"라는 건 은근한 자기 자랑이다. 이런 말은 상대를 안심시킨다. 듣는 사람으로서는 의지해도 되겠다는 생각이 든다.

한편 '감동을 주는 자기 자랑'도 있다. 가장 어려운 수준의 자기 자랑이라고 할 수 있는데, 듣는 사람의 마음을 움직이기 때문이다. 예컨대 "저희 집에는 스무 살 넘은 노령견이 있어요. 저는 포기하지 않을 거예요. 자신 있어요"라고 말하면 된다. 자기는 좋은 사람이고 착한 사람이라는 자부심이 담겨 있다. 또 이렇게 말해도 된다. "우리 아빠는 돈을 많이 벌진 못하세요. 그래도 최고의 아빠라고 생각해요. 저도 꼭 최고의 효녀가 될 거고요."

어설픈 자기 자랑은 하지 말아야 한다. 반면 거짓말이 아니라 진실한 스토리가 있는 자기 자랑, 약속을 담고 있는 자기 자랑을 계발하면 연애뿐 아니라 많은 대인관계에서 힘이 될 것이다. 감동적인 자기 자랑의 효과는 말할 것도 없다. 정말 IQ가 높은 사람들이 택하는 자기 자랑 전략은 기술적이고 은밀하다.

심장을 뛰게 해줄 그 무엇을 찾아서

♥

이렇게 낯 뜨겁고 당황스러운 데이트가 또 있을까? 〈도깨비〉라는 TV 드라마에서 대입 시험을 마친 여자주인공(김고은)과 남자주인공(공유)이 첫 데이트를 한다. 데이트 장소는 영화관이었다.

영화를 보는 동안 김고은은 아주 창피했다. 당장 도망치고 싶었을 것이다. 공유가 영화 속 좀비를 보면서 공포에 질려 소리를 치고 부들부들 떠는 등 온갖 난리법석을 연출했기 때문이다. 도깨비 공유는 겁쟁이였다. 그런데 두 사람은 영화를 본 후 더욱 가까워진다. 어떻게 된 것일까?

이는 제법 쓸모 있는 데이트 팁이다. 만난 지 얼마 안 된 남녀는 많은 경우 영화관에서 데이트를 한다. 로맨틱코미디,

액션영화, 그리고 공포영화가 상영 중일 때 어떤 영화를 선택하면 서로 더 가까워질까? 공포영화다. 절대적 진리일 수야 없겠지만 과학적인 이유가 있다.

공포영화를 보면 무섭다. 가슴이 뛴다. 호흡이 가빠진다. 정신이 몽롱하다. 사랑의 고조된 흥분과 비슷한 상태다. 영화관을 나오는 사람들의 가슴이 뛰는 건 영화 때문이지만, 옆에 있는 사람이 자신을 흥분시킨 거라는 착각에 빠진다. 함께 공포영화를 본 남자 혹은 여자가 더욱 매력적인 존재로 느껴진다. 이런 오해 때문에 공포영화가 로맨틱한 영화나 SF영화 등에 비해 사랑을 꽃피울 확률이 높은 것이다.

사람들, 특히 남자들은 공포와 두려움을 느낀 순간 가까이 있는 이성에게 끌린다. 이 이상한 심리는 캐나다 브리티시컬럼비아 대학교의 심리학자 도널드 더튼(Donald Dutton)의 유명한 실험을 통해 밝혀졌다. 그는 북밴쿠버에 있는 강을 가로지르는 두 개의 다리를 두 팀의 남성들에게 건너게 했다.

하나는 너비 1.5미터, 길이 140미터인 협곡 현수교였다. 케이블에 매달린 이 교량은 쉽게 흔들리고 기울어졌다. 쉼 없이 출렁거리는 다리를 건너면 공포감을 느끼지 않을 도리가 없었다. 또 손잡이 위치도 너무 낮아 자칫 잘못하면 협곡으로 추락할 것만 같았다. 다른 교량은 전혀 무섭지 않았다. 강으로 흘러가는 지천 위 3미터 높이에 있는 이 다리는 무거운 삼나무로 만들어졌다. 거의 흔들리지 않고 위험성이 낮아 두려워할 필요가 없었다.

다리를 건넌 남자들에게 한 매력적인 여성이 다가가 질문지 작성을 청했다. 그러고는 연구에 대해 자세한 내용을 알고 싶으면 연락하라며 전화번호를 남겼다. 안전한 교량을 건넌 남자들은 16명 중 2명이 전화를 걸었고, 위험한 다리를 건넌 남자들은 18명 중 9명이 전화를 걸었다. 위기감을 느낀 남자 중 절반가량이 여성에게 매료되어 적극적으로 다가갔다. 왜 그렇게 되었을까? 거칠게 뛰는 심장 때문이다.

위험한 교량을 건넌 사람들은 심장이 쿵쿵 뛰고 호흡도 가빠진다. 이런 상태가 된 진짜 원인은 그들이 위험한 일을 했기 때문이다. 그런데 남자들은 심장이 빨리 뛰는 게 현수교 때문이 아니라 눈앞의 여성 때문이라고 여긴다. 그 여성이 자신에게 가슴 뛰는 흥분을 선물했다고 생각하며 기쁘게 접근한다. 거짓말 같은 오해다. 말도 안 되는 착각이다. 그러나 그것이 사람의 정신세계라고 심리학자들은 설명한다.

롤러코스터도 공포영화나 협곡 현수교와 같은 효과를 보인다. 미국의 심리학자들이 롤러코스터를 타는 남녀에게 사진을 보여주며 물었다. 사진 속 인물이 어느 정도 매력적인지 평가하라는 것이었다. 탑승 이전과 이후에 같은 요구를 했다. 그 결과 롤러코스터 탑승 이후에는 더 높은 점수를 준 것으로 나타났다. 같은 사람의 사진도 롤러코스터를 타고 나면 더욱 예쁘고 잘생겨 보이는 것이다.

이유는 단순하다. 사랑의 흥분은 가슴 뜀박질이다. 롤러코스터도 가슴을 뛰게 만든다. 그래서 롤러코스터 때문에 흥분했으면서도 사진 속 사람이 자신의 가슴을 뛰게 만들었다고 순간적으로 착각하는 것이다.

공포체험은 찰나에 사랑을 꽃피울 수 있다. 무서운 놀이기구를 함께 타거나 머리카락을 곤두서게 하는 공포영화를 같이 보면 사랑의 감정이 피어오를 가능성이 높다. 무서워서 가슴이 뛰는 남녀들은 상대를 매력적이라고 평가한다. 상대방 때문에 가슴이 뛰는 것이라고 오해하기 때문이다.

다른 설명도 가능할 것이다. 공포체험은 서로 솔직한 모습을 보여주고 마음의 문을 여는 계기가 되기 때문에 사랑의 가능성이 높아진다고 볼 수도 있다.

인간은 강한 척하지만 다들 약한 존재다. 평소에는 약한 모습을 숨기고 살 수 있지만 공포를 겪으면 민낯이 드러난다.

두 사람이 소리를 지르며 롤러코스터를 탔다고 하자. 또는 공포영화를 보면서 바들바들 떨었다고 하자. 둘은 자신의 약한 모습을 서로에게 가감 없이 공개한 셈이다. 가면을 벗고 솔직한 모습을 보여주었다. 이제 두 사람은 마음을 열고 사랑을 키울 준비가 된 것이다.

드라마 〈도깨비〉에서 공포영화는 두 사람을 가깝게 했다. 도깨비 공유의 약한 모습을 드러냈다. 근엄한 얼굴 뒤에 숨겨놓았던 어린아이 같은 모습이 노출된 것이다. 더 사랑스러워 보였을 것이다. 한편 공유의 눈에도 김고은이 더욱 매력적으로 보였을 것이다. 좀비를 보면서도 흔들림 없던 그녀의 당당한 모습에 매료됐을 수도 있다.

사랑을 연구한 심리학자들은 이성과 가까워지려면 공포영화를 보거나 롤러코스터를 타라고 권한다. 식은땀을 닦으며 영화관을 나올 때 그 남자 또는 그 여자가 더욱 매력적으로 보일 수 있다. 롤러코스터에서 내리면서 상대에 대한 경계심이 순식간에 무너지고 마음이 열리는 걸 느낄 수 있다. 공포체험을 통해 가슴이 쿵쾅쿵쾅 뛰면 사람들은 들뜬다. 클럽에서 심장을 뛰게 하는 음악을 들으면서 흥분하는 사람들처럼 말이다.

나는 누구를 사랑하게 될까

♥

나는 어떤 성향을 가진 사람과 사귀는 것이 좋을까? 미국 러트거스 대학교의 인류학자 헬렌 피셔(Helen Fisher) 박사가 오프라닷컴(oprah.com)에 이 질문에 답하는 글을 썼다. 유전학과 신경과학에 근거해 사람의 성격 유형을 다음의 네 가지로 분류할 수 있고, 각 성격에 어울리는 사람이 따로 있다는 설명이다.

Type 1. 안젤리나 졸리 _ 용감한 모험가

첫 번째 유형은 호기심이 많고 창의적이며 모험을 좋아하는 스타일이다. 미국 존 F. 케네디 대통령과 영국 다이애나 스펜서 전 왕세자비도 여기에 속한다. 이런 사람의 뇌는 신경전달 물질 도파민(dopamine)에 의해 지배되고, 새로움과 즐거움을 추구한다. 성격이 급한 편이다.

Type 2. 엘리자베스 여왕 _ 조용한 친구

두 번째 유형은 조용하고 조심스러운데 사람을 잘 관리하고 인기가 많은 스타일이다. 조지 워싱턴, 타이거 우즈, 제니퍼 애니스톤, 그리고 영국 엘리자베스 2세 여왕이 여기에 속한 다. '행복 호르몬'이라 불리는 세로토닌(serotonin)이 많은 편 이다. 이런 사람은 연애할 때도 일생을 함께할 파트너를 진지 하게 찾는다.

Type 3. 도널드 트럼프 _ 터프한 리더

세 번째 유형은 논리적이고 결심이 굳고 집중력이 뛰어난 스 타일이다. 경쟁에서 이기기를 원하며 목표치가 높다. 남자건 여자건 모르는 사람을 구하기 위해 불타는 건물로 뛰어들 수 있는 사람이다. 알베르트 아인슈타인, 도널드 트럼프, 힐러리 클린턴, 마가렛 대처 등이 여기에 속한다. 이들은 주로 남성

호르몬인 테스토스테론(testosterone)—여성에게도 있다—의 영향을 강하게 받는다. 가끔 연인을 자기 마음대로 통제하려는 성향을 보여서 문제다.

Type 4. 간디 _ 부드러운 협상가

네 번째 유형은 직관적이고 상상력이 넘치는 스타일이다. 감정을 잘 표현하며 화술과 사교술이 뛰어나다. 모한다스 카람찬드 간디, 빌 클린턴, 그리고 캐리 브래드쇼(미국 드라마 〈섹스 앤 더 시티(Sex and the City)〉의 등장인물)가 여기에 속한다. 진정한 사랑, 즉 '소울메이트'를 찾는 경향이 강하다. 여성 호르몬인 에스트로겐(estrogen)—남성에게도 있다—의 영향을 많이 받는다. 사교성이 좋고 양보도 잘하는 성격인데, 잘못하면 자기 줏대가 없는 것처럼 보일 수 있다.

당신은 어떤 유형에 속할까? 모험가, 친구, 리더, 협상가 중 어느 유형의 특징이 당신과 근접할까? 이제 당신에게 맞는 짝의 스타일을 소개할 차례다. 모험가라면 모험가, 친구라면 친구, 리더라면 협상가를 만나야 한다.

모험가 기질이 강하다면 당신의 이상적인 짝은 같은 모험가 스타일이라고 피셔 박사는 설명한다. 유유상종이다. 안젤리나 졸리 유형은 존 F. 케네디 같은 사람과 잘 어울린다는 것이다.

친구 스타일도 같은 유형과 궁합이 잘 맞는다고 한다. 엘리자베스 여왕, 배우 제니퍼 애니스톤, 골프선수 타이거 우즈 같은 사람들은 끼리끼리 만나야 한다.

리더 스타일이라면 같은 유형과는 어울리지 않는다. 도널드 트럼프 유형이 힐러리 클린턴 같은 사람과 사귀면 관계가 파탄 날 수 있다. 둘 다 너무 강하기 때문이다. 대신 협상가 스타일을 택하는 것이 좋다. 실제 부부인 힐러리 클린턴(리더)과 빌 클린턴(협상가)이 좋은 짝의 모델이다.

정리해보면 다음과 같은 짝이 이상적이다.

- 안젤리나 졸리(모험가) ─────── 존 F. 케네디(모험가)
- 제니퍼 애니스톤(친구) ─────── 타이거 우즈(친구)
- 힐러리 클린턴(리더) ─────── 빌 클린턴(협상가)

당신은 어떤 스타일이며, 당신의 연인은 또 어떤 스타일일까? 두 사람은 이상적인 짝인가? 피셔 박사의 이 성격 유형 분류를 참고할 수 있다.

결혼생활을 가장 잘하는 사람은 친구 스타일이라고 한다. 사람을 잘 사귀고 가정을 잘 돌보니 당연한 결과일 것이다. 반대로 결혼에 가장 불리한 유형은 모험가 스타일이다. 위험을 감수하며 살아가는 용감한 모험가는 결혼과는 잘 어울리지 않는다. 조사 대상자 1천 명 중 9.5%만이 모험가 스타일이었다.

우리가 네 가지 성격 유형의 사람들을 무한정으로 만날 수는 없다. 사랑의 기회는 제한되어 있다. 평범한 사람들은 일생에 세 번 정도 사랑에 빠진다. 사랑은 흔하지 않다. 사랑은 우리 인생에서 희소한 기적이다.

2016년 영국의 다이아몬드 반지 보석상 배시(Vashi)가 성인 3천 명에게 사랑에 빠진 경험이 몇 번이었냐고 물었더니 평균 다섯 번이었다. 조사 대상은 모두 18세 이상이며 평균 나이는 37세였다. 질문을 바꾸어 '그냥저냥 사랑'이 아니라 '진정한 사랑'은 몇 번 경험했는지 물었더니 평균 세 번이었다.

유럽의 오페라 공연 축제인 지멘스 페스티벌 나이트(Siemens Festival Night)가 2천 명을 대상으로 조사했는데, 아주 뜨거운 사랑에 빠진 경험이 평균 두 번이라는 답이 나왔다. 또 영국 오페라 제작사 오페라노스(Opera North)의 조사에서는 평균 네 번이었다.

사람마다 다르고 엄밀한 통계치가 나올 수 없는 문제지만, 우리는 평생 세 번 정도 사랑에 빠진다고 보면 될 것 같다. 가슴 설레고 마음 아프고 눈물 나는 사랑은 일생에 삼세번인 셈이다.

반문이 나올 수 있다. 그래서 어쩌라고? 일생에 세 번 정도 뜨거운 사랑을 한다고 치자. 그게 우리 인생과 무슨 관계가 있는 것일까? 우리는 사랑에 대한 두 가지 태도 중 하나를 선택할 수 있다. 겸손함과 패기가 그것이다.

먼저 현재 사랑을 소중히 여기는 겸손함을 택할 수 있다. 지금 사랑에 빠져 있다면 평생 몇 번 만날 수 없는 귀한 행운을 누리고 있는 것이다. 뜨겁게, 조심조심, 그리고 후회 없이 사랑해야 한다.

정반대의 대담한 태도를 갖는 것도 가능하다. 최선을 다하되 사랑의 실패를 두려워할 필요는 없다. 사랑의 기회가 세 번 정도는 되기 때문에, 이번 사랑이 실패하면 어쩌나 오들오들 떨며 비굴해질 이유는 없는 것이다. 패기를 갖고 대담하게 사랑에 임할 수 있다.

꼭 하나의 태도만 가져야 한다는 말은 물론 아니다. 창과 방패를 번갈아 쓰듯이, 사랑에 대한 두 가지 태도를 상황에 맞게 번갈아 취하는 것도 방법이다. 사랑이 잘되고 있으면 이번 사랑에 감사하면서 지내면 되고, 만일 사랑이 위태로워지면 다음에도 사랑의 기회가 있다고 믿으며 대범하게 대처하면 될 것이다. 무원칙이 아니라 유연하고 현명한 전략이다.

사랑은 때로 아무렇지 않게 시작된다

♥

안나가 크리스토프에게 신형 썰매를 선물한다. 언니 엘사를 찾아 설산(雪山)으로 떠난 안나를 애지중지하던 썰매가 부서지는 걸 감수하면서 헌신적으로 도운 사람이 얼음장수 크리스토프다. 크리스토프는 엉겁결에 사랑의 마음을 고백하고 둘은 순록 스벤 앞에서 키스를 나눈다.

애니메이션 〈겨울왕국(Frozen)〉의 마지막 장면이다. 많은 디즈니 영화나 멜로드라마가 이런 식이다. 사랑은 긴 이야기의 결말에서 어렵게 완성된다. 사랑은 많은 고난과 오랜 시행착오를 겪은 끝에 얻어내는 결실로 묘사된다.

사랑은 드라마틱한 성취처럼 보인다. 쉽게 얻을 수 없다. 시련과 실망과 오해를 극복하고 장기간 에너지를 쏟아야만 얻을 수 있는 사랑은 1년 내내 고생해 거두는 가을 수확 같은 이미지다. 또는 수많은 식재료를 마련하고 오랜 시간 조리해서 차려낸 성대한 만찬처럼 여겨진다.

그런데 사랑은 햄버거일지도 모른다. 세트메뉴도 아니다. 콜라와 감자튀김이 빠진 단품 메뉴처럼 주문 즉시 나오는 인스턴트 푸드가 사랑을 닮았다. 버튼을 누르면 지체 없이 상품을 내뱉는 자판기 속에 사랑이 들어 있는 경우도 적지 않다.

물론 오랜 눈물과 아픔 속에서 피어나는 사랑도 많다. 그런 사랑이 환상은 아니다. 하지만 사랑이 인스턴트 푸드를 닮은 것도 사실이다. 만나자마자 짧은 시간 내에 생겨날 수도 있는 감정이다. 과정도 아주 단순하다. 인스턴트 사랑은 다음과 같은 3단계를 통해 생겨날 수 있다.

- 1단계 _ 모르는 남녀가 만난다.
- 2단계 _ 침묵한 채로 서로 눈을 바라본다(3분 전후).
- 3단계 _ 다정한 대화를 시작한다.

이렇게 하면 두 사람이 호감을 느끼고 사랑이 시작될 가능성이 높다고 한다. 이전에는 서로 알지 못했고 상대의 학력이나 재산 등에 대한 사전 정보가 없어도, 3분 정도 눈빛을 교환하고 대화를 시작하면 사랑의 감정이 생길 확률이 높아진다는 말이다. 어처구니없는 소리로 들릴 수 있지만 이런 인스턴트 사랑이 가능하다고 설명하는 실험과 연구가 있다.

결혼생활 55년 된 부부가 서로의 눈을 가만히 바라보았다. 아무 말도 하지 않고 한자리에 앉아서 상대의 눈만 응시했다.

남편 : 어땠어요?

아내 : 이상했어요. 55년 동안 서로 눈을 오래 바라본 적이 없는 것 같아요.

남편 : 당신의 눈을 보고 있으니, 당신이 얼마나 중요한 존재이고 나에게 얼마나 필요한 사람인지 느껴졌어요. 아마도 다른 사람과는 살 수 없었을 거예요.

아내 : (미소)

유튜브에 공개된 실험 영상 중 일부다. 미국 파티시펀트미디어(Participant Media)의 디지털엔터테인먼트 부서 소울팬케익(SoulPancake)은 처음 만난 남녀, 결혼 2년차 부부, 결혼 55년차 노부부 등 다양한 커플들을 모아놓고 서로의 눈을 바라보게 했다. 시간은 4분이었다.

짧은 시간이지만 아주 길게 느껴질 수밖에 없다. 아무 말 없이 누군가의 눈을 바라본다는 것은 낯설고도 어색한 경험이다. 곤혹스러워하던 사람들이 잠시 후 환한 미소를 지었다. 금방 만난 사람에서 55년 된 노부부까지 참가자들은 공통된 반응을 보였다. 처음에는 불편했지만 눈을 응시하며 가만히 있으니 상대에 대한 애착이 커지고 마음이 열리는 느낌이 들었다고 했다.

실험 영상의 결론은 단순 명쾌하다. 서로의 눈을 조용히 바라보면 낯선 상대라도 사랑 혹은 호감이 싹튼다는 것이다. 연인이나 부부의 경우에는 사랑이 더욱 깊어지는 걸 느꼈다. 사랑은 눈빛을 타고 흐르고, 눈빛이 사랑을 키운다. 사실일까?

과학적인 근거가 있다. 미국 매사추세츠 대학교의 심리학자 조안 켈러맨(Joan Kellerman)의 유명한 연구 결과를 보자. 연구팀은 72명의 대학생을 모아놓고 2분 동안 서로 눈을 보도록 했다. 그러자 놀라운 반응이 일어났다. 다수가 사랑이나 호감을 느꼈다고 답한 것이다. 이들은 전혀 알지 못하는 사이였다. 거기다 한마디 말도 나누지 않은 상태였다. 오직 서로의 눈을 응시했을 뿐인데 마음이 통하고 이성에 대한 끌림을 경험했다는 것이다. 실험 참가자 중에는 결혼한 커플도 있었다.

사랑을 하면 상대의 눈을 자주 보게 된다. 그런데 그 반대도 성립한다. 눈을 바라보면 사랑을 하게 되는 것이다. 모임에서 낯선 남녀가 한동안 눈길을 주고받는다면 둘은 서로 관심을 보이는 것이다. 클럽이나 도서관이나 전철에서도 마찬가지다. 3초 정도만 눈빛을 교환해도 이유를 알 수 없이 서로 이끌리게 된다. 눈빛에는 비밀스러운 힘이 있다. 꽃이 피게 만드는 햇살처럼 사랑을 피어나게 만드는 눈빛도 신비롭다.

눈빛 교환은 사랑의 또 다른 이름이다. "걔네들, 눈 맞았어"라는 말은 커플이 사귀기 시작했다는 의미다. 사랑에 빠졌다는 것은 서로의 눈을 본다는 것과 다를 바 없다. 그러니 눈빛을 교환하는 행위가 곧 사랑의 시작이라는 주장은 무리가 없다.

사랑은 눈빛에서 싹튼다. 상대의 눈을 따뜻하게 바라보면 상대가 나에게 빠져들 확률이 높아진다. 처음 만난 남녀에게만 적용되는 것이 아니다. 오래된 커플도 서로의 눈을 보면서 마음을 열고 사랑을 다시 꽃피운다. 앞에서 본 것처럼 결혼 50년이 지난 부부에게도 역시 통할 수 있다.

미국의 사회심리학자 직 루빈(Zick Rubin)에 따르면, 보통 사람들은 대화할 때 전체 시간의 30~60% 정도 눈을 맞추는데 사랑하는 연인은 대화하는 시간의 75% 동안 눈을 바라본

다고 한다. 사랑의 눈빛은 아이컨택(eye contact)이다. 눈과 눈
이 마주칠 때 시선은 사람을 연결하고 사랑을 자극한다.

다만 '사랑'의 시선과 '욕정'의 시선이 구별되어야 한다.
상대의 몸을 훑고 훔쳐보는 시선은 오히려 부정적인 반응을
낳는다. 그 눈빛은 욕망이나 욕정의 표현이다. 상대를 앞에
앉혀놓고 허공을 바라보는 고독한 눈빛도 사랑을 키우지 못
한다. 소통의 노력이 없기 때문이다.

사랑하는 사람은 서로의 눈빛을 갈망한다. 그러니 사랑을
시작하고 싶다면 상대의 눈을 오래, 그리고 따뜻하게 바라보
는 연습부터 해야 한다.

> "여성의 아름다움은 눈에서 찾아야 한다. 눈이 마음으로
> 이르는 길이며 사랑이 존재하는 장소이기 때문이다."

배우 오드리 헵번(Audrey Hepburn)의 이 말에는 뛰어난 통
찰이 엿보인다. 사람의 눈에 사랑이 존재한다. 여성만 아니라
남성도 마찬가지다. 눈은 사랑의 시작이다. 눈빛은 사랑의 가
장 효과적인 '전략 무기'다.

우리는 흔히 사랑을 숭고한 것으로 여긴다. 오랫동안 쌓아
올리는 건축물이나 번뇌 속에서 창조하는 예술 작품 같은 거

라고 믿는다. 소설도 TV 드라마도 영화도 그리고 우리들 각자의 러브 스토리도 사랑을 그렇게 거룩한 것으로 묘사한다. 그러나 사랑의 행복은 아주 가까이에 있고 또 누구에게나 개방되어 있다. 겁낼 것도, 지나치게 기대할 이유도 없다. 눈을 바라보며 대화하고 사랑을 시작하면 되는 것이니 말이다.

chapter 2

실속 있는 사랑 : 안티 루키즘

현대의 미디어는 미남과 미녀의 표준을 제시한다. 그
결과 많은 사람들이 상대의 얼굴과 몸매를 차별하도록
학습한다. 이런 태도는 사랑의 기회를 제한한다는 문제
점을 갖고 있다. 더 좋은 사람을 만날 기회를 스스로 박
탈하는 것이다. 깊고 풍부한 사랑을 하려면 외모지상주
의(lookism)에서 벗어나야 한다. 상대는 물론 자기 자
신의 외모도 차별하지 말아야 한다. 편견에 종속되어
외적 조건만을 바라보면 사랑을 시작하기도 어렵다.

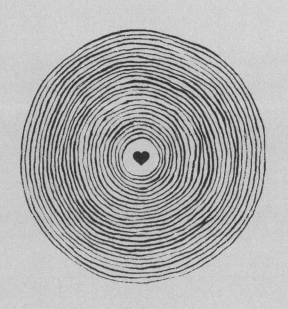

몸매라는 편견

♥

사랑에 목마른 사람이 있다. 그는 자주 사랑에 실패했다. 사랑을 시작하는 것도 어렵지만 유지하는 것이 더욱 힘들었다. 왜 자신은 연애에 무능한지 그 이유가 궁금했다. 그래서 상담사를 찾아가 물어보았다.

일반인 : 연애를 잘하려면 뭐가 필요해요?

상담사 : 자신을 사랑하는 게 가장 중요하죠.

일반인 : 자기를 사랑한다는 게 뭐죠?

상담사 : 자신을 긍정적으로 생각하고 보듬어야 합니다.

일반인 : 어떻게 해야 그럴 수 있죠?

미국 등 영어 문화권의 연애 조언을 보면 절대 빠지지 않는 말이 있다. "먼저 자신을 사랑하세요." 자기를 사랑해야 남도 사랑할 수 있다고 한다. 전문 상담사가 아니라 평범한 주변 사람들도 저런 식으로 조언한다. 그런데 어떻게 하면 나를 사랑할 수 있을까?

자신이 미디어에서 말하는 '표준적인' 몸매, 이상적인 체형이 아니라고 하자. 근육질이 아니다. 비쩍 마른 몸도 아니다. 살집이 좀 있고 평균에 비해 상대적으로 몸이 크다. 어떻게 해야 나를 사랑할 수 있을까? 그 방법을 자세히 알려주는 전문가는 거의 없다.

몸매가 아무것도 아닐 수 있다는 사실을 알면 낫다. 몸매를 차별하지 말아야 한다는 '당위'를 말하는 것이 아니다. 현실과 실제에 대한 이야기다. 사람들은 미디어가 주입하는 미남미녀의 기준에 젖어 있지만 100% 생각의 노예는 아니다. 표준적이지 않은 체형이라고 해도 대수롭지 않게 여기는 경우가 충분히 있다는 것이다.

세상에는 다양한 미적 취향을 가진 사람들이 가득하다. 크거나 작은 사람도, 통통하거나 마른 사람도 사랑받을 수 있다. 그렇게 생각하면 나에 대한 긍정 또는 사랑이 시작된다.

배가 고프면 부부싸움을 자주 한다는 속설이 있다. 당연한 이야기다. 배고프면 신경이 날카로워져 시비 붙을 가능성이 높아진다. 배고프다는 것은 몸이 좋지 않다는 말과 같다. 컨디션이 나쁜 상태인 것이다. 배고픈 사자가 성질을 부린다. 별 수 없는 동물인 인간도 똑같다. 부부뿐 아니라 직장에서나 친구 사이에서도 상대가 배고프지 않은지 살펴야 갈등을 줄일 수 있다.

사랑의 전쟁터에서 배고픔, 즉 허기는 뜻밖의 영향을 미친다. 배가 고프면 살찐 사람을 좋아하게 된다. 허기가 살찐 사람에 대한 호감을 높이는 것이다.

이와 관련한 실험을 진행한 대표적인 학자가 영국 웨스트민스터 대학교의 사회심리학자 비렌 스와미(Viren Swami)다. 그는 266명의 남성을 모아놓고 사진 속 여성들이 얼마나 매력적인지 평가하도록 했다. 그 결과 배고픈 남자들이 살집 있는 여성을 매력적으로 평가하는 경향이 뚜렷했다. 또 다른 연구에서는 여성도 비슷하다는 결과가 나왔다. 배고픈 여자들은 좀 더 무거운 사람을 좋아한다고 답했다. 평소 차별받던 살 많은 남자들의 주가가 배고픈 여자 사이에서는 급등했던 것이다.

사람들은 보통 날씬한 이성을 좋게 평가하고 흠모한다. 그런데 이는 배부른 소리다. 배가 고파지면 다르다. 남자나 여자나 배고픈 상태에서는 날씬한 사람에 대한 숭배에서 벗어나는 것이다.

배가 고프면 왜 다소 무거운 사람에게 호감을 갖게 될까? 배가 고프면 뇌는 본능적으로 굶지 않을까 하는 공포에 젖어든다. 자연히 음식이 생각난다. 이때 눈앞에 살찐 사람이 나타난다. 그 또는 그녀는 많이 먹었다는 뜻이다. 음식을 쉽게 구할 능력자라는 말이다. 저 살찐 사람의 마음을 사로잡으면 배고픈 나에게도 음식이 주어질 것이다. 나는 저 사람으로 인해 굶어 죽을 위기를 벗어날 수 있다. 살찐 사람이 능력자를 넘어 구원자로 보인다. 그러니 통통한 그 혹은 그녀를 흠모하게 되는 게 자연스럽다.

그럼 얼마나 굶겨야 할까? 실험에서는 남자들이 여섯 시간 정도 음식을 먹지 않도록 했더니 살찐 사람에 대한 선호도가 높아졌다고 한다. 다행히 몇 날 며칠을 굶기며 학대할 필요까지는 없다. 여섯 시간 굶는 일이야 흔하다. 바쁘게 생활하면 그 정도 시간은 굶는다. 주변을 바삐 걷는 남녀 중 일부분은 비만에 대한 거부감에서 벗어난 상태일 가능성이 충분히 있다.

상당히 개성적인 이 연구 결과의 교훈은 분명하다. 살찐 것이 연애의 결정적인 장해물이 아니라는 증거가 될 수 있다.

배가 좀 고프면 몸이 풍성한 사람에게 이끌린다고 했다. 그런데 사람들은 배고프다고 사기꾼을 좋아하지는 않는다. 허기 때문에 파리나 모기를 나비처럼 아름답다고 생각하는 일도 없다. 사람들은 아무리 배가 고파도 '정신줄'을 완전히 놓지 않는다. 아무리 굶겨도 허용할 수 있는 것만 받아들인다. 허기를 느끼게 했더니 살찐 외모에 대한 평가가 달라졌다면, 살찐 몸매에 대한 세상 사람들의 거부감이 절대적이지 않다고 말할 수 있다.

몸매에 대한 평가는 상황에 따라 얼마든지 바뀔 수 있고 다른 매력으로 상쇄 가능하다. 이를테면 위트와 친절과 지성 같은 장점을 내세울 경우 몸매의 핸디캡을 극복할 수 있는 것이다. 통통한 이성에 대한 비호감을 모든 사람이 갖고 있는 것도 아니다. 이 세상에는 다양한 취향의 사람들이 섞여 산다. 100% 예외 없이 날씬한 몸매만을 숭배한다는 생각이 틀렸다. 몸매가 어떻건 그 또는 그녀를 사랑할 사람이 존재한다고 봐야 맞다.

한편 통통한 모습이 적극적인 매력이 될 수도 있다. 육체적 허기가 아니라 정신적 허기에 시달리는 사람들에게 살찐 이성이 큰 위로가 될 수 있다. 정신적 배고픔이란 좌절, 박탈감, 불안, 슬픔 등이다. 정신적으로 어려움을 겪는 사람에게 살찐 사람은 큰 산처럼 든든하게 보일 가능성이 있다.

만화 속 산타클로스 할아버지는 날씬한가? 아주 뚱뚱하다. 체중이 지나치게 많이 나가는 것으로 보인다. 산타클로스의 뱃살은 인간미와 여유를 상징한다. 영화나 소설 등에서 그려지는 살찐 사람의 긍정적 이미지가 그런 것이다. 여유롭고 좋은 사람이라는 인상을 준다.

현실을 부정하자는 것은 아니다. 체중을 인격과 등치시키는 사람들이 적지 않은 게 사실이다. 예를 들어 살찐 사람은 게으르다고 믿어 의심치 않는 편견이 이 세상에 존재한다. 체중은 한 사람의 수많은 특징 중 하나에 불과한데도 체중을 유일한 잣대로 삼아 상대를 비하하는 경우가 많다.

그러나 모든 사람이 그런 것은 아니다. 체중이 아니라 그 사람의 내면, 즉 우아한 정신과 자신감과 친절함과 지성에 주목할 사람도 분명히 있다. 누구나 사랑할 수 있는 확률이 존재한다. 그 확률을 포기하면 너무 손해다.

미국의 격투기선수인 론다 로우지(Ronda Rousey)는 결코 날씬하지 않다. 살집 있고 근육도 발달한 그녀는 소위 말하는 '여성적 몸매'와는 거리가 아주 멀다. 그녀에게서 당당한 자신감을 배울 수 있다. 로우지는 자신의 몸매가 오히려 우월하다면서 이렇게 말했다. "깡마른 여자는 옷을 입었을 때 예쁘지만 탄탄한 여자는 맨몸일 때 예뻐 보인다."

또 덴마크의 테니스선수인 캐롤린 워즈니아키(Caroline Wozniacki)는 이렇게 강조했다. "당신이 키가 크건 작건, 또 몸이 크거나 살집이 있거나 말랐거나 당신은 자신이 가진 것을 자랑스러워해야 한다. 모든 사람이 아름답다."

로우지나 워즈니아키처럼 자신감 넘치며 현명한 사람들을 친구로 삼으면 힘을 얻을 수 있다. 체중이 상위권이라고 해도 그건 작은 문제다. 살이 좀 쪘다고 해도 주눅 들거나 포기하지 말고 연애 전쟁터에 당당히 나서자. 날씬하고 잘생긴 사람도 실패할 수 있다. 두려움을 버리고 도전하자. 사랑은 아주 달콤해서 지레 포기하기에 너무 아깝다.

현실적인 연애의 자본

♥

전형적인 미녀와 개성적인 미녀가 있다. 우리 사회는 콧날이 오뚝하고 눈이 크고 V라인 얼굴을 가진 여성을 전형적 미녀로 여긴다. 그 기준이 옳건 틀리건, 또는 그런 기준을 사용하는 것이 정당하건 아니건 현실이다. 한편 개성적이라 불리는 외모도 있다. 예를 들어 코끝이 뾰족하지 않을 수 있다. 눈이 동그랗거나 크지 않은 여성도 존재한다. 또 광대뼈가 나온 여성도 있다. 이들을 개성적 미녀라고 부르도록 하자.

수만 명의 시민들이 인기투표를 한다. 어느 쪽이 미녀인지 표를 던지는 것이다. 승자는 누구일까? 아마도 개성적 미녀보다는 전형적 미녀가 아름답다고 여기는 사람들이 많을 것이다.

그런데 실전에서는 다를 수 있다. 이번에는 인기투표가 아니라 두 사람 중 한 사람에게만 문자를 보낼 수 있다고 하자. 데이트 신청 문자다. 전형적 미녀와 개성적 미녀 중 누가 더 많은 문자를 받을까? 전형적 미녀의 압승일까? 이건 모르는 일이다.

2011년 미국의 온라인 데이트 사이트인 오케이큐피드(Ok-Cupid)가 인기 있는 여성의 스타일에 대한 연구 결과를 내놓았는데, 해외 언론은 깜짝 놀랄 만한 내용이라고 평가했다. 결론은 너무 예쁜 여자는 오히려 인기가 많지 않다는 것이다. 남성들은 전형적으로 빼어난 외모를 가졌다고 평가받는 여성에게는 추파를 덜 던졌다. 만나거나 대화하자는 연락을 적게 보냈다. 그럼 같은 미모를 가진 여성은 오히려 기피 대상이었던 것이다.

그렇다면 누가 연락을 가장 많이 받았을까? 일부 남성들은 못생겼다고 평가하지만 또 다른 남자들은 매력적이라고 인정하는 여성들이 승자다. 다시 말해 호불호가 갈리는 개성적 외모를 가진 여성이 남성의 연락을 받을 확률이 가장 높은 것이다.

오케이큐피드는 20~27세 여성의 프로필 사진 4만 3천 장을 분석하고 남성이 어떤 여성들에게 접촉을 많이 시도하는 지 연구했다. A는 누가 봐도 아름답다. 미디어가 내세우는 전형적 미녀의 기준에 부합한다. 어디를 가나 최고 미녀라고 불린다. B는 개성적이다. 예쁘다고 할 수 있지만 최고 미녀는 아니다. 사람마다 평이 다를 수 있는 외모인 것이다. 과연 어떤 결과가 나왔을까?

두 사람 중 A가 온라인에서 남자들의 메시지를 적게 받았다. 오히려 B는 다수의 연락을 받았다. 최고 미녀가 인기투표에서 굴욕을 겪을 수도 있다는 사실이 통계적으로 확인된 셈이다. 그렇다면 왜 남자들은 최고 미녀를 기피했을까? 이유는 세 가지다.

먼저 예상 경쟁률 때문이다. 남자들은 완벽한 얼굴을 가진 여성에게 구애하기 위해서는 다수의 남성과 치열하게 경쟁해야 한다는 걸 안다. 그래서 전략적으로 최고 미녀를 피한 것이다. 남성을 선택하는 실험을 한다면 마찬가지로 여성들도 이런 전략적 선택을 취할 가능성이 높다.

다음으로 현실적인 연애를 원하기 때문이다. 미모에 지나치게 집중하고 뽐내는 이성이 현실적인 애인이 될 수 있는지 의문시하는 것이다. 전형적 미인 혹은 최고의 미남미녀는 모니터에서 보기 좋은 게 사실이다. 그런데 현실 애인이 될 수 있을까? 애인은 출중한 외모만이 아니라 다정한 마음이 있어야 좋다. 때로는 상대의 잘못을 이해하고 보듬어줄 수도 있어야 한다. 아울러 현실의 어려움을 극복하는 지혜와 용기도 필요하다.

이것도 하나의 편견이지만, 최고의 미녀가 모니터 밖으로 나온다면 과연 현실적인 애인이 될 수 있을까 남자들은 의심할 수밖에 없다. 여자들이 선택한다고 해도 비슷할 것이다. 최고의 미남은 보기에는 확실히 좋지만 함께 생활할 현실적 파트너가 될지는 불확실하다.

세 번째 이유가 시사하는 바가 크다. 사람의 미적 기준은 생각보다 훨씬 다양하다는 점이다. 세상 모든 사람이 미디어에서 칭찬하는 전형적 미남미녀를 숭배하는 것은 아니다.

덧니가 사랑스럽다고 생각하는 남자도 존재한다. 어떤 남자는 광대뼈가 나온 여자라야만 아름답다고 여긴다. 단점이 아니라 매력 포인트다. 그런 개성 덕분에 연애 전쟁터에서 뜻밖의 승리를 거둘 수도 있다.

남성의 경우도 같은 자신감을 가지면 된다. 짙은 눈썹에 오뚝한 코, 작은 얼굴을 가져야만 사랑받는 게 아니다. 너무 뛰어난 외모는 오히려 거부감을 일으킬 수도 있다. 머리가 커서 귀엽다고 여기는 여자도 있다. 어떤 여자는 얼굴의 점이 섹시하다고 느낀다. 여성들의 취향도 다양하기 때문에 미의 표준에서 벗어난 얼굴의 특징이 어떤 여성에게는 크게 어필할 수 있는 것이다.

많은 사람들이 프로필 사진을 완벽하게 만들기 위해 애쓴다. 수백 장의 셀카(selfie)를 찍고 포토샵을 통해 보정한다. 주름을 지우고 잡티를 없애고 얼굴 모양도 바꾼다. 그런데 오케이큐피드는 통계적 분석을 근거로 다음과 같이 결론을 내렸다.

"우리는 당신이 외모의 '결점'을 최소화하려고 애쓰지 말아야 한다는 통계학적 근거를 얻었다. 살이 좀 쪘다면 드러내라. 코가 크다면 그것도 드러내라. 또 덧니가 있으면 그걸 내보이면 된다. 그런 걸 싫어하는 사람들은 당신을 기피하겠지만, 그런 특징을 좋아하는 남성들은 아주 들뜰 것이다."

어느 사회에나 미의 표준이 존재한다. 코는 적당한 크기여야 하고 몸매는 어떠해야 하며 키는 어느 정도여야 한다는 기준을 미디어가 만들어내 사람들의 머릿속에 주입한다. 하지만 그 기준을 모든 사람이 절대적으로 따르는 게 아니다. 표준적 미의 기준을 거부하는 사람들도 있다.

표준에 딱 들어맞지 않는다고 나의 코나 눈이나 얼굴이 흉한 것은 아니다. 나의 그런 모습에서 매력을 느끼는 사람도 있다. 오케이큐피드의 연구는 여성이 선택받는 상황을 놓고 진행한 결과인데, 남자든 여자든 비슷할 것이다. 미의 표준에서 벗어난 외모를 감출 필요가 없다. 자신 있게 드러내면 오히려 매력이 될 수 있는 것이다.

연애에 나서는 사람들은 각자 고유한 자산을 갖고 있다. 아름다운 내면이나 강인한 정신 또는 부나 학력을 연애 자본으로 활용할 수 있다. 또 빼어난 외모를 내세우는 이들도 많다. 특히 외모가 연애의 전쟁터에서 강력한 힘을 발휘한다. 예쁘거나 잘생긴 사람들의 인기가 높은 게 사실이다. 그런데 예쁘다는 것은 무엇일까? 잘생겼다는 것은 또 뭘까? 그런 외모 속성이 행복한 연애를 보장할까?

얼굴이 예쁘거나 잘생기면 무조건 연애의 승자가 되는 것은 아니다. 빼어난 외모 때문에 손해를 볼 가능성도 존재한다. 그 가능성은 생각보다 크다. 앞에서 본 바처럼 완벽한 미인보다 개성적 미인이 현실에서는 더 유리할 수 있다. 외모가 빼어나기 때문에 도리어 이성의 접근이 줄어들 수 있다. 예쁘거나 잘생겼기 때문에 배척을 당하는 셈이다.

또 아름다운 얼굴을 가진 사람들은 '가짜 사랑'을 만날 확률도 높다. 남자들은 예쁜 여자의 얼굴에 집중한다. 잘생긴 남자도 주로 얼굴이 주목 대상이다. 내면의 아름다움을 봐주지 않는다. 마음속 소망이나 아픔이 얼굴에 가려 숨겨지는 경우가 많다.

사랑이란 상대의 외모뿐 아니라 내면까지 포용함을 의미하는데, 얼굴이 너무 준수하면 내면은 사랑받을 기회를 잃는다. 결국 위태로운 '반쪽 사랑'에 빠지는 경우가 많다. 미녀 배우 또는 미남 스타의 이혼 소식이 많은 게 단적인 예가 될 수 있다.

반대로 외모가 빼어나지 않다고 해서 사랑의 절대 약자인 것은 아니다. 여자거나 남자거나 취향은 아주 다양하다. 사람마다 미적 기준도 유연하다. 표준적인 미의 기준에서 조금 떨어져 있더라도 개성적인 얼굴이 이성을 매료시킬 수 있다.

미국 작가 에이미 블룸(Amy Bloom)은 이렇게 얘기했다. "당신은 불완전하다. 어쩔 수 없이 결점도 갖고 있다. 사실은 그래서 당신이 아름다운 것이다." 단점이 아름다움의 조건이라는 말이다.

단점이 있어야 더욱 매력적이다. '생긴 대로'의 당당함이 경쟁력으로 작용할 수 있다. 완벽하지 않은 외모를 있는 그대로 포용하자. 자신을 사랑하고 확신에 찬 사람은 남녀에 관계없이 매력적인 존재다.

키가 전부는 아냐

♥

미국의 한 남성 블로거가 인터넷 뉴스 매체 〈허핑턴포스트(huffingtonpost.com)〉에 공개해 화제가 됐던 스토리다. 그는 온라인 데이트 사이트에서 여성들에게 메시지를 보냈지만 답이 잘 돌아오지 않았다. 슬펐다. 왜 나에게는 답을 하지 않는 걸까. 왜 나에게는 관심도 보이지 않는 걸까. 이유를 오랫동안 생각하다가 프로필이 너무 정직해서라는 결론에 이른다.

그는 키가 작은 편이었다. 프로필에도 정확히 자신의 신장을 밝혀놓았는데 그게 문제였다고 판단했다. 실험을 했다. 키가 162센티미터인 이 남자는 175센티미터라고 프로필을 바꿨다. 이후 메시지에 답한 여성들의 비율이 16%에서 29%로 훌쩍 뛰었다. 그는 이런 통계치를 근거로 여자들은 키 큰 남자를 좋아한다는 결론을 도출했다.

물론 키를 13센티미터 늘린 것이 인기 급상승의 비결이 아닐 수 있다. 키에 대한 정보를 수정한 후 블로거는 자신감을 갖게 되었고, 그 자신감이 메시지에 스며들어 여성들의 응답 비율을 높였을 것이라는 추정도 가능하다. 그럼에도 키 작은 남자가 연애에서 불리하다는 것은 일반적으로 인정받는 사실이다. 원인은 키 큰 남자가 남성적인 매력이 강해 보이기 때문이다.

키 큰 여자에 대한 거부감도 비슷한 맥락에서 설명할 수 있다. 힘의 우열 문제 때문이다. 대체로 남자들은 자신보다 약한 여성을 원하기 때문에 키와 몸집이 큰 여성은 연애 경쟁에서 불리해지는 것이다. 그런데 키에 대한 편견을 버려야 연애의 기회가 많아진다. 키 크지 않은 남자는 매력이 없다고 생각을 굳혀버리면 그만큼 데이트의 문호가 좁아지는 것이다. 사랑의 기회를 스스로 줄이는 셈이다. 키 작은 남자라고 해서 배척하면 안 된다. 이상적인 반려자가 될 가능성이 높기 때문이다.

미국 뉴욕 대학교의 사회학자 달튼 콘리(Dalton Conley)가 약 3천 쌍의 커플을 대상으로 연구했다. 주제는 남편의 키와 남편으로서의 적합성이 갖는 상관관계였다. 즉 키에 따라 얼마나 좋은 남편인지 분석한 것이다. 연구 결과가 흥미롭다. 167센티미터 이하인 키 작은 남자가 좋은 남편이 될 가능성이 높다는 결론이 나왔다.

키 작은 남자는 결혼에 쉽게 골인하지 못했다. 45세를 기준으로 평균 신장의 남자보다 결혼한 비율이 18% 낮았다. 연구팀은 여자들이 키 작은 남자의 남성성을 약하게 보고 기피했기 때문이라고 해석했다. 물론 이런 분석도 오류일 가능성이 충분하다. 키 작은 남자들이 비혼을 선호한다면 당연히 결혼 비율이 낮을 것이다. 신장이 아니라 인생관이 원인일 수 있는데, 연구에서 이 사실에 대한 검토는 없다. 어쨌거나 미국의 경우 키 작은 남자가 결혼하는 비율은 낮았지만, 단신의 남자들은 일단 결혼하면 좋은 남편이었다는 게 연구팀의 설명이다.

먼저 키가 크지 않은 남편들은 아내에게 다감했다. 아내가 집안일로 힘들어하는 모습을 볼 수 없어 자신이 대신 나서는 경우가 많았다. 이 사실은 가사노동의 평균 시간을 통해 밝혀졌다. 연구팀에 따르면 평균 키의 남편은 일주일에 7시간 38분, 장신의 남편은 7시간 30분, 키 작은 남편의 경우 8시간 28분 동안 가사노동을 했다. 집안일에 대한 아내의 부담을 훨씬 많이 덜어주는 게 단신의 남편들이다.

가사노동 시간이 길었다는 사실은 공감능력이 높다는 증거가 될 수도 있다. 누구에게나 가사노동이란 귀찮고 힘들다. 남편도 집안일을 하기 싫다. 가사노동을 하는 아내가 안쓰럽지 않다면 남편은 잘 나서지 않는다. 아내의 마음에 공감해야 가사노동의 일부라도 떠안는 것이다. 키 작은 남편들이 집안일을 길게 했다면 그것은 아내에 대한 사랑의 표현일 것이다.

또 키 작은 남편은 사랑의 서약에 더욱 충실했다. 평균 키와 장신의 남자들에 비해 단신의 남자가 이혼하는 비율은 32% 낮았다. 키 작은 남편이 결혼을 쉽게 깨지 않고 유지하려고 노력하며 그 방법을 찾아내는 확률이 높다고 볼 수 있다. 결혼 후에는 많은 위기가 찾아온다. 갈등을 잘못 관리해 이혼하는 커플들도 적지 않다. 유연하고 인내심 강하며 결혼생활을 소중히 여기는 태도는 단신 남성들의 미덕 중 하나인 셈이다.

한편 키 작은 남자는 돈도 잘 벌었다. 아내보다 돈을 더 많이 버는 비율이 78%로, 평균 키 남편(69%)과 장신 남편(71%)보다 더 높았다. 아내에게 경제적으로 의존하는 남자들 가운데 단신 남자들의 비중은 낮았다. 이 결과를 보면 키 작은 남자가 가족을 부양하려는 의지도 강하고 경제적으로 능력도 있다고 추론할 수 있을 것이다.

키 작은 남자라고 무시하지 말자. 꼭 키가 커야 하는 것은 아니다. 나폴레옹까지 갈 것도 없다. 키 180센티미터의 니콜 키드먼과 결혼했던 톰 크루즈의 키는 공식적으로 170센티미터다. 그러나 톰 크루즈는 슈퍼스타이고 엄청난 갑부다. 그 외에도 유명하거나 부자인 사람 중에 단신이 많다.

파블로 피카소는 163센티미터였다. 강철왕 앤드루 카네기와 팝스타 프린스는 160센티미터 이하인 것으로 알려졌다. 우주로 처음 나간 유리 가가린도 157센티미터의 단신이다. 록그룹 U2의 보컬 보노는 168센티미터, 배우 잭 블랙도 마찬가지다. 엘튼 존은 162센티미터로 베토벤과 같은 키다. 브루노 마스는 165센티미터다.

조금 더 키가 큰 거물들도 있다. 알 파치노가 170센티미터, 구글을 만든 세르게이 브린은 172센티미터다. 영화 〈스타워즈(Star Wars)〉의 감독 조지 루카스는 171센티미터다. 이들의 키도 서양인치고는 작은 편이다.

키 작은 남자가 우월하다고 주장하려는 것은 아니다. 다만 키가 크건 작건 중요하게 생각하지는 말자고 제안할 뿐이다. 애인 혹은 남편의 키가 커야 한다고 고집하면 기회를 놓칠 수도 있다는 것을 기억해야 한다. 키가 작을 뿐 괜찮은 남자도 많다. 콘리 박사의 연구 결과가 보여주는 것처럼 키가 크지 않은 남자가 훌륭한 남편이 될 가능성도 높다. 키 등 외모에 대한 편견을 버리는 사람에게 더 많은 사랑의 기회, 양질의 결혼 찬스가 올 수 있다.

내면의 아름다움은 모든 걸 이긴다

♥

아주 흔한 남자들의 대화 한 토막을 들여다보자.

남자 1 : 그 여자 예쁘냐?

남자 2 : 성격은 좋아.

남자 1 : 그래? 그럼 소개팅 취소하자.

소개팅 상대인 이성에 대해 "성격은 좋아"라고 말하면 보통 험담이 되어버린다. 외모가 뛰어나지 않다는 뜻이다. 또 성격이 좋아도 얼굴이 별로면 실망할 수 있다는 전제가 깔려 있다. 정말 성격은 아무짝에도 쓸모없는 것일까? 다행히도 희망적인 연구 결과가 있다. 성격이 외모를 받쳐준다. 성격이 좋으면 외모도 매력적으로 보인다.

이런 경우를 생각해보자. 미남의 사진을 보여주면 많은 사람들이 호감을 표한다. 그런데 "유명 사기꾼의 사진입니다"라고 설명을 덧붙이면 어떻게 될까? 평가는 금방 달라질 수밖에 없다. 비호감 혹은 반감을 느끼는 게 당연하다. 이를테면 "어쩐지 눈빛이 선량하지 않았다"거나 "코가 너무 오뚝해 날카로워 보인다"고 평할 것이다.

반대로 미남의 기준에서 벗어나는 사람의 사진을 보여준 후, 성격이 좋다거나 인품이 뛰어나다는 평가를 들려주면 호의적 반응이 늘 수밖에 없다. 예를 들어 "눈빛이 부드럽다"거나 "코가 뭉툭해 복스럽다"고 말할 것이다.

캐나다 웨스턴온타리오 대학교의 연구자 샘 파우노넨(Sam Paunonen)은 사람들에게 인물 사진을 보여주고 외모를 평가하도록 했다. 평균 80점이 나오자 파우노넨은 사진 속 사람에 대한 추가 정보를 제공했다. 아주 정직한 사람이라고 말해줬다. 그러고는 사진의 얼굴이 잘생겼는지 재평가해달라고 했다. 정직하다는 정보를 들은 후 사람들의 평가가 후해졌다. 100점 만점에 가까운 점수가 나온 것이다. 찬사도 많아졌다. "머릿결이 좋다", "목선이 우아하다", "건강해 보인다", "매력적으로 생겼다" 등 호평이 많았다고 한다.

말 한마디를 보탰을 뿐이다. 남을 속이지 않고 솔직하게 말하는 성격이라고 알려줬을 뿐이다. 놀랍게도 이 한마디가 외모에 대한 평가를 바꿨다. 같은 얼굴인데 돌연 더 높은 점수를 받게 되었다. 성격이 좋은 덕분이다.

외모와 내면이 둘로 정확히 나뉜다는 생각은 우리가 쉽게 빠지는 착각이다. 인간의 얼굴은 로봇의 얼굴도 아니고 가면도 아니다. 속마음이 얼굴에 드러난다. 심성이 고우면 얼굴도 예뻐 보인다.

외모에 대한 객관적인 판단 기준도 사실은 없다. 사람들은 눈, 코, 입의 수학적 비율을 따지며 다른 사람의 얼굴을 보지 않는다. 대신 인상을 본다. 느낌을 더 중요시한다. 성격이 좋고 인품이 뛰어나서 좋은 느낌을 준다면 그 사람은 더욱 잘생겨 보이게 되어 있다. 그것이 인간의 심리다.

자신의 외모가 우수하지 않다고 생각한다면 적극적인 홍보전이 유익하다. 주변 사람들에게 자신을 좋게 말해달라고 부탁하는 것이다. 성격이 좋다거나 성실하다거나 신뢰할 만하다는 말이 그 남자 혹은 그 여자에게 전해지면 홍보전은 성공이다. 나의 외모에 대한 평가도 동반 상승할 확률이 커지기 때문이다.

자신이 직접 홍보하는 일도 안 될 것 없다. 내 입으로 내 자랑을 하는 것이다. "내가 미남은 아니지만 약속은 잘 지킨다"거나 "내가 예쁘지는 않지만 그래도 사람을 편하게 해준다는 평가를 듣는다"고 대놓고 말하는 것이다. 상대의 눈에 하트가 떠오르고 당신을 더욱 예쁘고 잘생기게 생각할 여건이 마련된다.

한편 성격이 좋으면 몸매에 대한 평가도 높아진다는 연구 결과가 있다. 영국 사회심리학자 비렌 스와미의 연구가 유명하다. 18~68세의 남성 2천157명이 연구 대상이었다.

보통 남자들은 날씬하거나 풍만한 여성의 체형을 좋은 몸매로 여긴다. 영화나 드라마, 그리고 광고가 그런 몸매를 가진 여성이 아름답다고 수십 년 동안 교육한 결과다. 예컨대 통통한 스타일은 이상적인 체형이 아니다. 사진만 보여주었을 때는 연구 대상자들이 날씬하거나 풍만한 몸매에 집중적인 선호를 보였다. 그러나 사진 속 몇몇 여성의 성격이 좋다고 설명해주었더니 반응이 달랐다. 통통한 체형임에도 그 여성들에게 호감을 보이는 남성들이 늘어난 것이다.

얼굴의 경우에도 그랬지만 몸매에 대한 세상 사람들의 평가는 콘크리트처럼 굳어 있지 않다. 얼마든지 변화할 수 있다. 비슷한 몸매의 여성에 대한 평가도 순식간에 달라질 수 있다. 내면이 아름답다는 걸 알려주면 그 사람의 체형에 대해 갖고 있던 부정적 감정이 금방 사라지는 것이다.

여성의 체형에만 해당되지는 않을 것이다. 가슴근육이 탄탄하고 복근도 울퉁불퉁한 장신의 남자가 이상화된다. 현실 세계의 남자들은 대체로 통통하다. TV 속 스타들에 비하면 근육량도 현저히 부족하다. 표준 체형에 따르면 대부분 남자들은 열등한 게 되지만 그래도 사랑받을 수 있다. 성격이 좋고 인품이 뛰어나면 몸매의 핸디캡을 충분히 상쇄할 수 있는 것이다.

모든 사람들이 우수한 얼굴이나 몸매를 갖고 태어날 수는 없다. 실은 대다수 사람들의 외모가 나름의 부족한 면을 갖는다. 미디어에서 제시하는 아름다움의 기준이 지나치게 높고 일률적이기 때문에 대부분은 열등생이 될 수밖에 없다.

나의 몸매와 얼굴은 최상위권이 아니다. 그렇다면 어떻게 해야 할까? 부를 과시하는 것도 방법이다. 돈을 펑펑 쓰고 최고급 차를 몰면 된다. 돈이 많다고 자랑하면 넘어올 속물들이 세상에 많으니 사랑을 얻을 가능성이 충분하다. 또 능력을 자랑할 수도 있을 것이다. 지금 당장은 돈이 부족해도 공부 잘하고 좋은 학교에 다니니까 성공할 거라고 호소하는 것이다. 이상적인 방법은 아니지만 현실에서 흔히 쓰는 수법이다.

그런데 성격으로 밀어붙이는 것도 아주 좋은 방법이다. 성실성이나 착한 마음을 무기로 삼을 수도 있다. 사람들과 잘 지내고 감동을 주는 일도 많다고 자랑하면서 자신의 사회성을 과시해도 외모에서 받은 감점을 만회하고 남는다. 내면의 매력이 갖는 힘을 믿으면 우리는 연애의 승자가 될 수 있다.

요컨대 사랑의 전쟁터에서 쓸 수 있는 무기는 많다. 그 종류가 생각보다 훨씬 다양하다. 부, 외모, 학력, 성격 등 자신 있는 것을 내세우면 된다. 어떤 쪽을 선택할지는 개인의 자유다. 그리고 어느 하나—예를 들어 외모—가 취약하다고 해도 좌절할 이유가 없다. 대체재가 많기 때문이다.

타고난 미모를 이기는 무기는 매력

♥

브라질 축구스타 호나우지뉴(Ronaldinho)는 최고 수준의 실력을 선보여 세계 축구팬의 뇌리에 강하게 각인되어 있다. 그는 또한 브라질의 한 언론이 선정한 '세계 축구스타 3대 추남' 중에서도 1위를 차지하면서 큰 주목을 받은 적이 있다. 여기저기서 놀림을 받았을 호나우지뉴가 이런 말을 남겼다.

"나는 못생겼어요. 하지만 나에게는 틀림없이 매력이 있어요."

키나 체중은 측정할 수 있지만 얼굴의 미추를 잴 수 있는 측정기는 존재하지 않는다. 그런데도 사람들은 누구는 잘생기고 어떤 사람은 못생겼다고 함부로 가르고 낙인찍은 후에 짓궂게 놀린다. 놀림을 당하는 입장에서는 위축되기 쉽다. 얼굴로 무슨 죄라도 지은 기분이 들기도 한다. 그러나 당당해야 한다. 못생긴 게 사실이라고 백 번 양보하더라도 분명히 매력이 있다고 선언할 수 있어야 한다. 호나우지뉴처럼 말이다.

"못생겨도 매력이 있다"는 말은 중요한 진리를 담고 있다. 매력이란 사람을 끌어당기는 힘이다. 그 힘은 어디에서 나올까? 흔히 외모라고 생각한다. 자신의 외모가 추하다고 생각하는 사람들은 스스로 매력이 없다고 믿는다. 그러나 '슈렉'처럼 결코 아름답지 않다고 해도 매력 넘치는 사람이 존재한다. 반대로 조각처럼 생긴 남녀들도 인간적 매력이 전혀 없는 경우가 수두룩하다.

매력은 미모와 동의어가 아니다. 매력은 미모를 초월한다. 매력은 마음과 행동과 말이 함께 만들어내는 마법 같은 힘이다. 그래서 아무리 추하다고 놀림을 받는 사람이라고 해도 출중한 매력을 가질 수 있다.

현실을 완전히 부정하자는 말은 아니다. 추한 얼굴과 아름다운 얼굴을 가름하는 기준이 모호하게나마 존재한다. 정당하건 아니건 그런 기준이 세상 사람들의 머릿속을 지배하고 있다. 이런 속된 기준에 의해 '못생긴 얼굴'을 가졌다고 판별된 사람들은 어떻게 해야 할까? 고개를 숙이고 다니며 사랑의 전선에 뛰어드는 것도 포기해야 할까? 사랑의 실패는 이미 결정되어 있는 것일까?

설령 못생겼다고 해도 매력은 가질 수 있다. 매력은 외모를 얼마든지 넘어설 수 있다. 외모 하위권이라 비웃음을 사더라도 외모 상위권으로 추앙받는 부류들을 이겨낼 수 있다. 필요한 것은 시간이다. 장기전으로 봐야 한다.

미국 텍사스 대학교의 폴 W. 이스트윅(Paul W. Eastwick) 교수가 잘생기지 않았다고 평가받는 사람들에게 희망을 선물한 인물이다. 그는 129명의 학생들을 대상으로 학기 초에 설문조사를 했다. 주변의 이성 중에서 누구와 데이트하고 싶은지 물었다.

설문조사는 인기투표와 다름없었는데, 결과는 어느 정도 예측 가능했다. 외모가 뛰어난 소수의 이름이 집중적으로 꼽혔다. 다시 말하지만 학기 초였다. 서로 알지 못하는 상태에서는 이성을 평가할 때 외모를 가장 중요시했던 것이다.

그런데 학기 말에 같은 질문을 했더니 답변의 분포가 달라졌다. 이른바 미남미녀 그룹에 속하는 이들의 일방적인 승리로 끝나지 않았다. 학생들은 외적인 매력만을 중시하지 않았다. 친절하고 활기찬 학생들의 이름이 거론되었다. 또 사회에서 성공할 가능성은 어느 정도인지도 중요한 평가 기준이었다. 연인관계에 얼마나 충실하고 진실할지 따져 상대를 선택하기도 했다.

처음에는 외모가 먹힌다. 예쁘고 잘생긴 얼굴이 초반에는 큰 힘을 발휘한다. 그러나 시간이 지나고 서로 잘 알게 되면 성격이 어떤지를 따진다. 성실성이나 실력도 중요하다. 외모에 대한 주목도가 떨어진다. 결국 외모뿐 아니라 내면이 사랑의 전쟁터에서 중요한 무기가 되는 것이다.

키 작고 못생기고 머리숱도 적다고 놀림을 받는 사람은 태어날 때부터 사랑의 패배자로 결정되었을까? 아니다. 뜨거운 사랑을 받을 수 있다. 외모가 전부는 아니기 때문이다. 만나서 소통하고 친절을 주고받다보면 강력하고 치명적인 매력을 발산할 수 있다. 꼬물꼬물 기어 다니는 애벌레가 아름다운 날갯짓을 하는 나비로 변신하듯 말이다.

> "모든 사람은 나비 같아요. 처음에는 못생겨서 거북하지만 결국 모두가 사랑하는 우아한 나비로 변신하죠."

미국 배우 드류 배리모어(Drew Barrymore)의 말이다. 누구나 예쁘고 우아한 나비가 될 수 있다. 필요한 것은 매력을 뿜어낼 수 있는 내면세계, 그리고 시간이다. 장기전이라는 걸 명심해야 한다. 만일 내가 외모에서 불리하다면 이성이 첫눈에 넘어 올 가능성은 낮다. 시간이 필요하다. 조급하게 굴지 말자. 처음에 상대를 유혹할 수 없었다고 해서 절망하지도 말자. 기회가 올 것이다. 시간을 갖고 대화하고 상호작용하다보면 외모의 약점을 극복할 수 있다. 상대가 나의 인성이나 실력 등 내면에 주목하게 될 것이다.

외모에 자신 없는 사람이 잘난 사람을 이기려면 주변을 둘러봐야 한다. 가까운 곳에서 사랑을 찾는 것이 유리하다. 접촉 빈도가 높으면 사랑을 시작할 수 있는 기회도 생긴다. 물리적 거리가 가까운 사람들은 외모가 아니라 내면에 주목할 가능성이 높다.

주변에서 사랑을 만나는 사례는 쉽게 찾아볼 수 있다. 관계가 결국 끝나긴 했지만, 전 세계인의 주목을 받은 로맨스의 주인공 브래드 피트와 안젤리나 졸리는 영화 〈미스터 & 미세스 스미스(Mr. & Mrs. Smith)〉에 함께 출연했다가 세기의 커플로 발전했다. 우리나라에도 같은 영화 혹은 드라마에 출연해 사랑에 빠진 연예인들이 많다. 캠퍼스 커플도 흔하다. 직장에서 짝을 만나는 이들도 적지 않다.

미국 하이포인트 대학교의 심리학자 새디 레더-엘더(Sadie Leder-Elder) 박사는 이렇게 말한다. "함께 일하는 사람들이 모두 사랑에 빠지는 것은 아닙니다. 하지만 가까운 곳에서 자주 만나다보면 그 사람에 대한 호감도가 상승할 확률이 높습니다."

우리는 타인에 대해 쉽게 잊는다. 어떤 매력이 있는지 잘 보지도 못한다. 가까운 곳에서 자주 만나면 반복 학습의 효과를 얻을 수 있다. 매력이 더욱 잘 보이고 기억에도 남게 되는 것이다. 다행히도 얼굴에 대한 주목도는 낮아진다. 자꾸 보면 잘생겼는지 못생겼는지 잘 모르게 된다. 주변 사람은 외모보다 내면이 더 도드라져 보인다.

물론 처음부터 싫었다면 아무리 자주 만나도 호감도가 높아질 가능성이 낮다. 남에게 싫은 짓을 하지 말고 살자. 미운 짓도 줄이자. 주변 사람들에게 친절하자. 자주 대화하자. 가까이 있던 이성이 불쑥 고백할 수도 있다. 그 혹은 그녀에게 내 얼굴의 생김새는 중요하지 않을 것이다. 그렇게 평범한 우리는 미남미녀들을 이길 수 있다.

조각미남보다는 무해남

♥

　지극히 세속적인 욕망에 대해 이야기해보자. 잘생기지 못한 남자가 어떻게 하면 애인을 만들 수 있을까? 그것도 예쁜 여자친구 말이다.

　사랑 연구자들이 예쁘거나 잘생긴 얼굴이 중요하지 않다고 아무리 강조해도 대중은 좀처럼 뜻을 굽히지 않는다. 당신이 따르는 미의 기준은 미디어가 만든 허상이라고 지적해도 귀를 닫는 이들이 적지 않다. 어떻게든 빼어난 외모의 사람을 애인으로 만들고 말겠다는 '야심'을 버리지 않는 것이다. 그런 욕망 또한 존재하는 현실이므로 무작정 도외시할 수는 없다.

　다시 세속적인 질문으로 돌아가자. 어떻게 하면 추남이 미녀를 애인으로 만들 수 있을까?

내가 못생긴 편이라면 먼저 그 사실을 인지해야 한다. 기죽으라는 뜻이 아니다. 핸디캡이 있으니 더욱 열심히, 성심껏 노력해야 한다는 뜻이다. 어쩔 수 없다. 미남에 속하는 그들보다 더 좋은 사람이 되려고 애쓰는 수밖에 없다. 그래야 좋은 결과를 기대하는 게 가능하다.

다음으로 여성들은 속된 남성들에 비해 외모를 덜 따진다는 다행스러운 사실도 기억할 필요가 있다. 외모에서 불리한 남자들에게는 축복과도 같은 성향이다. 마음의 가치를 알아주는 여성들에게 감사해도 좋다.

여성이 남성의 마음을 중요하게 생각한다면 어떤 마음을 원할까? 단 두 가지를 꼽는다면 자신감과 신뢰성이다. 이 두 가지를 갖춘 것처럼 보일 수 있다면 굳이 미남이 아니더라도 성공적인 연애를 할 가능성이 높아진다.

연애 전쟁터에 뛰어든 남자에게 중요한 건 자신감이다. 스스로를 높이 평가하면서 당당하게 말하고 행동하는 태도가 여성들에게 매력적으로 보일 수 있다.

여성을 차별하는 경제질서를 감안하면 남편이 돈을 더 벌어야 할 확률이 높다. 가족이 어려움에 처하면 방패가 되고 해법을 찾아야 한다는 사회적 요구도 만만찮다. 이런 고된 일을 해내려면 자신감이 필요하다. 당당하고 씩씩해야 한다. 사냥터로 떠나는 남자가 주눅 들어 있다고 생각해보라. 그는 여성 부족원들의 호감을 얻기 힘들다. 여자는 외모가 출중하지 않아도 자신감 넘치는 남자를 선호한다. 못생겨도 뚜렷한 자신감을 가져야 여성의 마음을 얻을 수 있는 것이다.

물론 이런 인류학적 관점이 현대 사회를 설명하는 데 부적합할 수도 있다. 여성들이 경제활동을 하는 경우가 많고 가사를 전담하는 남편 주부도 점점 늘고 있다. 또 남편과 아내가 맞벌이하면서 가정을 부양하는 사례도 흔하다. 결혼에 목매지 않고 동등한 연애에 만족하는 비혼주의 여성 또한 증가하는 추세다. 남성은 보호자이고 여성은 피보호자라는 전근대적인 성역할이 깨지고 있는 것이다. 자신감 넘치는 여성이 사회생활에 성공적일 뿐 아니라 이성을 매료시킬 확률도 높아졌다.

그런데 자신감은 비미남, 즉 '미남이 아닌 남성'에게 더 필요하다. 여성보다 그들에게 더 시급하다. 외모차별 사회의 역풍에 직면했기 때문이다. 외모가 우수하지 않다면 다른 무기를 하나 더 가져야 좋다. 비미남에게는 자신감이 무기가 될 수 있다. 이전에 비해 여성의 사회적 지위가 높아졌지만 그래도 여전히 남성 중심 사회다. 남성이 가정의 보호자 역할을 맡아야 한다는 고정관념이 존재하는 것도 현실이기 때문이다.

여성들은 남성의 자신감 못지않게 신뢰성도 중요하게 생각한다. 잘생긴 남성이 싫다고 말하는 여성들이 의외로 많다. 그 여자들이라고 눈이 없지 않다. 미학적으로 덜 생긴 얼굴을 진정으로 좋아하는 것은 아니다. 다만 잘생긴 남자가 바람을 피워 달아날까 걱정하는 것이다. 달리 말해 '미남은 나를 배신할 수 있다'는 우려가 깔려 있다. 조각미남보다 무해남(해롭지 않은 남자)이 선호되는 이유다.

결혼한 대부분의 여성은 아이를 낳고 기른다. 출산과 육아에 몇 년 동안 붙들려 있어야 한다. 그래서 새로운 남자를 사귈 기회가 적고, 결혼한 그 남자만 바라본다. 반면 밖으로 나다니는 남자는 아내 이외의 사람을 만날 기회가 많다. 일부는 자유로운 영혼인 양 탈선을 합리화한다.

남성은 유전적으로 바람둥이의 욕망을 타고난다는 관점은 이제 시대착오적이라고 여겨진다. 여성의 성적 욕망은 사회적으로 억눌려왔기 때문이다. 다만 '생물학적인 차이'를 성적 방종의 핑계로 대는 남자들이 아직도 많다. 그런 욕망에 휩쓸려 살면 신뢰할 수 없는 사람이고, 반대로 그 욕망을 다스릴 수 있다면 좋은 파트너다. 연애에서 신뢰성은 여성에게도 필수지만 남성에게는 더욱 중요한 이슈라고 할 수 있다.

여자는 남편에게서 무엇을 원할까? 바로 신뢰성이다. 기회가 생겨도 다른 여자에게로 달아나지 않을 것이라는 믿음을 줘야 한다. 사냥터로 떠났다가 영영 돌아오지 않을 수도 있는 남자에게 여자가 사랑을 줄 수 있을까? 책임감 있고 약속을 잘 지키는 남자가 여자들에게 매력적이다. 비록 비미남이라도 말이다.

자신감과 신뢰성은 사랑 연구자들이 공통으로 꼽는 '좋은 남친'의 필수 속성이다. 미남이 아니어도 외모 콤플렉스에 시달릴 이유가 없다. 마음속에 자신감을 키우고 더욱 신뢰성 있는 모습을 보이면 연애에 성공할 수 있다. 따뜻함과 섬세함, 능력과 재산도 사랑의 전장에서는 아주 중요한 무기다. 외모 핸디캡을 상쇄하고도 남을 장점들이다.

이제 불리한 외모를 극복하는 보다 구체적인 행동 지침에 대해 이야기할 순서다. 미국의 질의응답 사이트 쿼라(Quora)와 최대 인터넷 커뮤니티 레딧에서 네티즌들이 나눈 집단지성의 결과물을 소개한다. 질문은 이렇다. "나는 못생겼다는 말을 많이 들어 자신감이 없어요. 여자를 사귈 수 있을까요?" 다양한 조언들이 제시되었는데 그 중 참고할 만한 답변은 다음과 같다.

- 재미있는 이야기를 해주면 좋다. 여자는 유머 있는 남자를 더 사랑스러워한다.

- 남자의 외모에 너그러운 여성을 찾아라.

- 활기찬 모습을 어필하라. 씩씩하게 행동하고 말하라.

- 겸손하면서도 당당해야 한다.

- 작은 시련에 흔들리지 않는 안정감을 과시하라.

- 스몰토크(small talk), 곧 잡담에 능해야 한다. TV 프로그램이나 연예인 등을 주제로 말을 걸면 접근이 쉽다.

- 깔끔한 모습을 유지하라. 옷차림에 신경 쓰고 필요하면 향수도 뿌려라. 결코 지저분해 보이면 안 된다.

- 맛있는 것을 사줘라. 맛있는 음식을 이길 방법은 없다.

- 적극적으로 접근하라. 마음에 드는 여자에게 솔직히 고백하고 데이트를 신청하면 된다. 실패할 확률이 높지만 단 1%라도 성공 가능성을 노려라.

- 긍정적이고 낙관적인 태도를 보여라. 남자든 여자든 걱정 많은 사람들이 다수다. 낙관하는 사람이 매력적이다.

- 자신이 못생겼다는 시각을 바꿔야 한다. 세상에 사랑을 못할 정도로 못생긴 사람은 없다.

- 자기 모습을 있는 그대로 보여준다. 자신감과 카리스

마가 넘치는 척 연기하면 티가 난다. 부족하더라도 자신의 진짜 모습을 진솔하게 노출하는 것도 전략이다. 여자는 솔직한 남자를 좋아한다. 거짓말쟁이 미남보다는 진실한 비미남이 더욱 경쟁력 있다.

- 당신을 거절하는 여자에 대한 미련을 빨리 버리자. 당신의 가치를 몰라준다면 잊어버려라. 그녀도 당신도 새로운 상대를 찾으면 그만이다.

멋진 그대에게 지불하는 감정의 빚

♥

많은 남자가 미녀와 결혼하고 싶어 한다. 여자들은 이왕이면 미남과 결혼하길 원한다. 미녀나 미남이라는 개념이 허상이고 미디어가 꾸며낸 사기라고 일러봐야 대부분 듣지 않는다. 미남과 미녀를 선망하면 결국 외모차별주의자가 되는 셈이라고 은근히 비난해도 사람들은 꿈쩍하지 않는다. 미녀와 미남에 대한 욕망은 뜨겁고 깊어서 어찌할 수 없을 때가 많다.

세상 사람들은 잘생긴 상대와 결혼하면 행복할 것이라고 막연히 생각한다. 파트너의 외모가 사랑과 결혼의 만족감을 좌우할 것이라는 믿음이 무의식에 군건히 숨어 있다. 그런데 사실이 아니다. 특히 미남과 결혼하면 불행감을 느끼거나 울화가 치밀 때가 많을 것이다. 잘생긴 남자가 오히려 불행을 불러온다는 소리이니 외모역차별 주장처럼 들릴 수 있다. 황당하겠지만 분명히 근거가 있다.

미국 플로리다 대학교의 제임스 맥널티(James McNulty) 교수가 82명의 신혼부부를 대상으로 연구를 진행한 바 있다. 연구팀은 모인 남녀의 미모 정도를 평가했다. 세상에 통용되는 미의 기준으로 분석한 결과 전체 커플 중에서 3분의 1은 남편이 아내보다 못생겼고 3분의 1은 남편이 아내보다 잘났으며 나머지 3분의 1은 남편과 아내가 비슷한 수준의 외모였다.

이들 부부의 대화방식을 면밀히 관찰했더니 흥미로운 결과가 나왔다. 아내보다 못생긴 남편이 훨씬 친절했던 것이다. 잘생긴 남편과는 소통의 방향이 달랐고 대화의 온도가 차이났다.

아내보다 잘생긴 남편의 전형적인 대화법은 이런 식이었다.

아내 : 요즘 어머니를 대하는 게 힘들어요.

잘생긴 남편 : 그건 당신 문제잖아. 당신이 해결하면 돼.

잘생긴 남편은 아내의 책임이라고 정확히 못 박고 알아서 해결하라고 말한다. 좋게 말하면 깔끔하고 쿨하다. 문제를 쓸데없이 확대시키지 않는다는 장점도 있다.

그런데 나쁘게 보면 차갑고 무관심한 말로 들릴 수 있다. 이런 반응을 접한 아내의 심정은 어땠을까? 남편이 저 멀리 떨어져 있는 존재로 느껴졌을 게 분명하다. 아내는 문제의 해결을 원한 것이 아니라 위로를 기대했을 수 있다. 남편은 위로는커녕 냉담하고 불친절했다. 합리적인 척하면서 냉정하게 발을 빼는 남편 때문에 아내는 울화가 치밀었을 법하다.

한편 아내보다 못생긴 남편의 전형적인 대화법은 이런 식이었다.

아내 : 요즘 어머니를 대하는 게 힘들어요.
못생긴 남편 : 정말? 내가 있잖아. 내가 뭘 해줄까?

아내보다 외모가 우월한 미남 남편은 차갑게 말했다. "그건 당신 문제잖아." 그러나 아내와 비교할 때 외모의 수준이 높지 않은 비미남 남편의 경우는 달랐다. 다정했다. 아내의 문제를 자기 일처럼 여겼다. 직접 나서서 문제 해결을 도와주려고 했다. 말하자면 비미남 남편이 아내에게 더 크게 공감하고 더 따뜻했던 것이다. 이런 말을 들은 아내는 행복했을 것이다. 위로와 응원을 해주는 남편이 좋은 친구같이 느껴졌을 것이다.

맥널티 교수는 미국의 과학 매체 〈라이브사이언스(Live Science)〉와의 인터뷰에서 왜 이런 차이가 나타나는지 설명했다. 말할 것도 없이 외모의 수준이 원인이었다.

아내보다 외모가 출중한 남편의 마음속에는 아쉬움이 있다. 운이 좋았다면 더 아름다운 여성과 결혼할 수 있었을 것이라고 후회한다. 그에게 현재의 아내는 '차선'이다. 이런 남자가 아내에게 친절하기는 어렵다. 반면 아내보다 못한 외모를 가진 남자는 다르다. 그에게 현재의 아내는 '최선'이다. 후회가 아니라 성취감을 품고 있으며, 자신의 결혼이 행운이라고 믿을 가능성도 높다. 그 때문에 아내에게 더욱 친절할 수 있는 것이다.

이런 설명은 당연히 절대적으로 옳은 것이 아니다. 모든 미남 남편이 예외 없이 후회하는 건 아닐 것이다. 아내보다 외모 수준이 높은 남자들이 어김없이 퉁명스럽고 차가울 리도 없다. 반대로 아내에 비해 외모 수준이 낮은 남편이 냉정하거나 무례할 가능성도 얼마든지 있다.

그러나 이 연구 결과가 맞을 확률도 있다. 앞서 말했듯이 세상 사람들 중 다수는 미남 혹은 미녀와 결혼하면 행복할 것이라고 확신한다. 또 미모가 뛰어난 이성과의 뜨거운 연애를 꿈꾼다. 우리 대부분이 외모차별주의자인 것이다. 외모차별주의자들은 자신보다 부족한 외모를 가진 사람의 가치를 낮게 본다. 못생긴 상대에게 덜 친절하다. 그러니 나보다 잘생긴 상대도 나에게 불친절할 가능성이 충분하다.

잘생긴 남편과 결혼한다고 행복한 것이 아니다. 불친절하게 대화하고 반응할 확률이 높기 때문이다. 나와 비교해 아주 잘생긴 남자와 결혼하면 가끔 울화가 치밀 수도 있다. 그렇다면 그건 남편의 조각 같은 외모에 지불해야 할 대가 중 하나일 것이다.

타협 없이 사랑은 유지될 수 없다

♥

초월적인 사랑을 꿈꾸고 실제로 행하는 사람들도 적지 않다. 이들은 세상이 숭배하는 부와 명성, 사회적 신분 따위를 가뿐히 뛰어넘는다. 두 사람의 감정만을 가치 있게 여기는 로맨틱하고 용기 있는 사랑이다.

하지만 세상에는 세속적인 사랑을 추구하는 이들도 많다. 예컨대 부자와 결혼하는 건 많은 사람들의 꿈이다. 대중의 욕망이 투영된 드라마에는 착하고 부드럽고 헌신적인 부자 남성이 가을날의 길거리 낙엽만큼이나 자주 등장한다. 때로는 부유하고 따뜻한 여성 캐릭터들도 볼 수 있다. 이런 판타지를 접하는 대중도 무의식중에 부자와의 결혼을 이상화한다.

그런데 부자와 결혼한다고 영원한 행복이 보장되는 것은

아니다. 사실은 그 반대일 가능성이 높다. 드라마에서는 부자가 최고의 결혼 상대자지만 현실에서는 최악의 결혼 상대자가 될 수도 있다. 부자와 결혼하려면 쓸쓸함과 불행감을 각오해야 한다.

2018년 미국 NBC 뉴스가 흥미로운 보도를 했다. 부자가 사랑에 실패할 확률이 높다는 것이다. 왜 그럴까? 부자들의 사랑이 흔하게 파탄 나고 결혼이 쉽게 깨지는 이유는 무엇일까? 미국의 심리치료사 프랜 월피시(Fran Walfish) 박사는 최상위 부유층의 자아도취를 가장 큰 이유로 들었다.

큰 부자들은 언제나 주목을 받는다. 그들이 이룬 사회경제적 성취를 세상 사람들이 부러운 눈빛으로 바라본다. 칭송과 찬사가 쏟아진다. 부자들은 자신을 숭배하는 타인의 눈에 비친 제 모습을 사랑한다. 샘물에 비친 자기 모습에 반한 그리스신화 속 나르키소스(Narcissus)를 닮았다.

자아도취에 빠진 부자들은 자신을 더욱 멋있게 꾸미느라 바쁘다. 배우자와 자녀와 친구 등의 인간관계를 살피고 다듬을 시간적 여유가 없다. 그들은 가족이나 실제 관계에는 상대적으로 무관심하다. 문제가 생겨도 그다지 심각하게 생각하지 않는다. 그래서 사랑과 결혼에 실패할 확률이 높은 것이다.

또한 부자들은 승리에 익숙하기 때문에 결혼관계를 파기할 가능성이 높다고 말하는 전문가들도 있다. 부자일수록 예스맨들이 주변에 많다. 뭐든 자기 뜻대로 해도 거역하지 않으니 자신감이 넘친다. 원하는 것을 쉽게 얻는 부자들은 사랑도 마음대로 할 수 있다고 여긴다.

그런데 아무리 돈이 많다고 해도 남편의 마음을 자기 뜻대로 조종할 수 없다. 아내의 사랑을 돈으로 지켜내는 것도 불가능하다. 자녀들도 부자 엄마 혹은 부자 아빠에게 얼마든지 저항할 수 있다. 반려자 혹은 자녀와 갈등이 생긴 경우 필요한 것은 타협과 절충이다. 하지만 평생 승리에 익숙한 부자들은 드라마에서 흔히 보는 회장님처럼 소리치고 윽박지르는 이들이 많다. 자기 마음대로 되지 않는 사랑이나 인간관계가 힘들 수밖에 없다.

부자들에게 '옵션(option)'이 많은 것도 결혼 실패가 잦은 이유다. 그들은 이혼이나 새로운 결혼을 선택하는 데 현실적 어려움이 적다. 소시민들은 다르다. 경제적 이유 등 보이지 않는 강제 때문에 부부 사이를 깨는 것이 쉽지 않다. 또 이혼 후에는 새로운 사랑과 결혼할 확률이 더 낮아진다. 이혼하면 가난하고 외롭게 살지도 모른다. 갈등이 생기더라도 양보와

절충의 방법을 찾고 인내하는 것이 현실적인 방안이다.

부자들은 굳이 그럴 필요가 없다. 부자는 소시민보다 결혼으로부터 큰 자유를 누린다. 이혼을 해도 새로운 사랑을 시작할 확률이 높다. 경제적으로 손실을 보겠지만 치명적 손해는 아니다. 이성은 또 만나면 되고 돈은 또 벌면 되는 것이다. 부자는 선택이 자유롭다. 기존의 사랑이나 결혼에 구차하게 매달릴 이유가 적기 때문이다.

우리는 부유층 남녀들의 이혼 소식을 자주 듣는다. 그렇다고 가난한 사람과 결혼해야 행복한 것은 아니다. 부자와 가난한 사람 중 하나를 선택해 결혼해야 하는 상황이라면 부자를 택해도 나쁠 것이 없다. 그러나 너무 욕심 부리지는 말자. 환상에 갇혀 있지도 말자. 부자와의 결혼은 행복을 보장하지 않는다. 오히려 소시민과 다른 결혼관과 사랑관 때문에 더 힘든 경험이 될 수도 있다.

배우자를 선택할 때 부의 규모보다는 능력의 유무를 기준으로 삼는 것이 낫다. 또 얼마나 부자인가보다는 얼마나 진실한 성격인가를 따지는 편이 안전하다. 성실성과 진실성은 나중에 청구서를 내놓지 않는다. 반면 부는 훗날 대가도 지불하게 되어 있다.

타협 없이는 사랑이 유지될 수 없다. 양보가 없다면 결혼생활이 위태로워진다. 자아도취적이며 승리에 익숙한 부자들은 타협과 양보에 서툴기 때문에 이상적 반려자가 되는 데 장해가 있다. 부자와 결혼하더라도 이 점은 기억할 필요가 있을 것이다.

그게 사랑이다

♥

누구나 '좋은' 사람을 만나 사랑하고 결혼하고 싶다. 많은 조건을 갖춘 사람을 이상형으로 꿈꾸는 건 자연스러운 심리다. 예컨대 이런 사람이면 최고의 애인 혹은 반려자로 여겨진다.

- 예쁘거나 잘생겼다.
- 좋은 학교 출신이다.
- 상속받을 유산이 아주 많다.
- 항상 쾌활하고 다정하다.
- 지성적이어서 책 읽기를 좋아한다.
- 월급을 많이 주는 직장에 다닌다.
- 현명하고 화를 내는 법이 없다.

이 같은 조건들을 다 충족시킨다면 완벽하다. 이런 사람과 데이트하고 한 집에 사는 상상만으로도 행복하다. 그러나 슈퍼맨 혹은 원더우먼은 상상 속에만 존재하지 현실에는 거의 없다. 연애를 시작하는 사람들은 애인에 대한 기대 수준을 낮춰야 한다. 흔한 표현으로 '눈을 낮춰야' 하는 것이다.

어떻게, 어느 정도 눈을 낮춰야 할까? 애인 혹은 배우자를 고를 때 세 가지 조건만 충족시키면 만족해야 한다. 더는 안 된다. 어쩌면 두 가지로 줄여야 할지도 모른다. 세 가지 조건이 최대치일 가능성이 높다. 미국 메릴랜드 대학교의 타이 타시로(Ty Tashiro) 박사가 저서 『왜 그런 사람과 결혼할까?(Science of Happily Ever After)』에서 소개한 통계학적 사실이다.

큰 방에 남자 100명이 있다. 한 여성이 애인의 조건을 말한다. 6피트(약 183센티미터) 이상의 키 큰 사람만 만나겠다고 선언하면 80명이 나가고 20명만 남는다. 6피트 이상인 미국인은 20%에 불과하기 때문이다. 두 번째 조건을 추가해 대학 졸업자여야 한다고 기준을 정하니 네 명만 남는다. 세 번째 조건으로 6만 달러 이상의 연봉을 받기를 희망한다면 이제 한 명만 남는다.

원하는 조건 세 가지를 갖춘 남자를 만날 가능성은 1%에 불과했다. 100명 중 99명은 제외되고 겨우 한 명만 남았다. 여기에 네 번째 조건을 추가하면 한 명도 남지 않게 된다. 원하는 남자를 만날 가능성이 0에 가까워지는 것이다. 뒤집어 말하면 혼자 살 가능성은 100%에 근접한다.

우리 사회라고 해서 크게 다르지 않다. 여러 조건을 만족시킬 사람을 만날 확률이 아주 낮다는 것은 경험적으로 알 수 있다. 이른바 일류대학교를 졸업하고 외모가 수려하며 유머 넘치는 남자를 가정해보자. 세상 사람들이 꿈꾸는 세속적인 조건 세 가지를 갖추었다. 이런 남자를 평생 단 한 명이라도 만난 적 있나 돌아보자. 그런 사람이 분명 존재할 수 있지만 실제 우리가 만날 확률은 지극히 낮다.

사회적으로 능력 있고 아름다우며 다감한 여성과 결혼하는 남자 또한 극소수다. 조건의 성격에 따라 다르겠지만 두 가지 조건 정도만 갖춘 사람도 만나기 쉽지 않다. 연인이나 배우자가 세 가지 이상의 조건을 충족하길 바란다면 복권 당첨을 소망하는 것처럼 허황되다.

사랑의 성공을 위해 꼭 필요한 자세는 눈을 낮추는 것이다. 모든 것을 다 가지려는 철부지 욕심쟁이처럼 굴면 안 된다. 선망하는 조건 중에서 일부만을 선별해야 하는 것이다. 이를테면 얼굴과 학벌과 성격 중에서 어떤 것은 버리고 다른 건 선택하는 식이다.

아까울 것이다. 손해 보는 느낌이 들 수도 있다. 자포자기는 아닌지 의구심이 들지도 모른다. 그러나 눈 낮추기는 포기가 아니다. 오히려 자기에 대한 사랑이며 현명한 선택이다.

누구나 자신을 사랑한다. 자신이 더 좋은 사람을 만나길 원한다. 적은 수의 조건을 내걸면 만날 사람의 수가 더 늘어난다. 눈을 낮추면 스스로에게 더 많은 기회를 줄 수 있다. 반대로 높은 기준을 고집하면 사람 사귈 기회가 줄어든다. 여러 갈래의 길을 막아버리고 선택의 폭을 줄이는 셈이다. 연인 선택의 기준을 높이는 것은 자기 손해다.

그래도 눈 낮추기 싫다고 말할 사람이 있을 것이다. 사실 '눈을 낮춘다'는 표현은 자칫 굴욕적인 느낌을 줄 수 있다. 주제넘게 많은 걸 바라지 말고 기대 수준을 낮추라는 뜻으로 들릴 가능성이 있다.

기대 수준을 낮출지 말지는 개인의 자유로운 선택이다. 사랑의 기회를 많이 만드는 게 의미 없다고 생각하는 사람이라면 지나치게 눈을 낮추지 말아야 한다. 자신이 중요하다고 생각하는 가치까지 포기하면서 이성과의 만남에 혈안이 될 이

유도 없다. 굴욕적으로 기준을 내던지는 것보다 차라리 싱글이 낫다는 주장도 얼마든지 가능하다.

다만 우리의 연애에 대한 꿈이 이룰 수 없는 환상은 아닌지 돌아볼 필요는 있을 것이다. 막연히 꿈꾸는 왕자님 혹은 공주님의 이미지가 해로울 가능성도 충분하다. 기대 수준을 낮춘다는 건 동화적인 환상에서 깨어난다는 의미도 될 수 있을 것이다.

chapter 3

사랑의 과학 : 현실과 판타지

누구나 행복의 최대치를 누리길 원한다. 사랑도 결혼도 완전하길 소망한다. 영화처럼 완벽한 사랑이 찾아오면 좋을 것이다. 그러나 모든 것은 우리의 기대에 미치지 못한다. 사랑도 그렇다. 내가 사랑하는 그 사람도 부족할 수밖에 없다. 지레 포기하자는 것은 아니다. 헛되고 해로운 사랑의 환상에 빠지지 말자는 것이다. 허무맹랑하고 동화적인 기대를 버리자는 제안이다. 욕심을 버리면 현실의 행복을 더욱 예민하게 느낄 수 있다.

내가 정말 사랑에 빠진 걸까?

♥

우리는 사랑을 꿈꾼다. 지치지 않고 사랑을 찾아 헤맨다. 그런데 연애에서 느끼는 감정이 사랑인지 아닌지 판별하기가 쉽지 않다. 나는 사랑에 빠졌을까? 이 울렁거리는 마음은 사랑의 증거일까?

미국의 심리학 사이트 사이콜로지투데이(PsychologyToday. com)와 과학 매체 〈라이브사이언스〉 등에 실린 내용들을 종합해 '사랑에 빠졌다는 것을 보여주는 열한 가지 증거들'을 정리했다. 모두 사랑 덕분에 우리가 얻게 되는 착각과 행복과 기쁨에 대한 설명이기도 하다.

증거 1. 연인에게 다 퍼주고 싶다

친구에게 밥을 사주거나 동생에게 옷을 선물할 때도 우리는 기쁨을 느낀다. 그런데 연인에게는 '정말 기쁜' 마음으로 뭐든 해줄 수 있다. '퍼주기의 기쁨'이 사랑의 징표다. 상대의 행복을 자신의 행복만큼 중요하게 여길 때 그것이 사랑이다. 뒤집어 말해 상대의 아픔이 내 것 같을 때 사랑이 시작된 것이다. 미국 메릴랜드 대학교 사회심리학자인 마가렛 폴(Margaret Paul) 박사의 주장이다.

사랑에 빠진 사람은 애인 혼자 시험에 합격하고 자신은 떨어졌을 때도 진심으로 기뻐하고 축하할 수 있다. 상대의 행복을 가장 중요시하며 자신을 희생할 수 있다면 그것은 사랑의 증거다.

증거 2. 더 좋은 사람이 있다고 생각 못 한다

"우리 아들보다 더 좋은 아이가 분명히 있어. 공부도 잘하고 마음도 착하고 공손한 아이 말이야. 그 아이를 찾아서 입양해야겠어." 이런 말은 정상적인 부모라면 결코 할 수 없다. 사랑하는 딸이나 아들보다 더 나은 존재란 있을 수 없는 것이다.

사랑의 대체불가능성은 남녀 사이에도 적용할 수 있다.

어느 순간 연인보다 더 좋은 사람은 없다고 생각하게 된다. 그런 터무니없는 믿음에 빠져들면 사랑이 시작된 것이다. 자기 애인을 가장 매력적인 존재라고 착각하게 만드는 것, 그것이 사랑이다.

증거 3. 더러워도 예쁘다

그녀는 세수를 하지 않았다. 눈곱만 떼고 데이트 장소로 달려왔다. 또 그는 씻지도 않은 손으로 내 손을 잡는다. 양념이 강한 음식을 먹은 후 입맞춤을 시도한다. 그래도 괜찮다. 상대가 아주 더러운데도 예쁘고 귀엽다. 연인이 더러워도 얼마든지 참아 넘기면 그것이 사랑이다.

네덜란드 흐로닝언 대학교의 연구팀이 연인들 사이의 욕망은 그 어떤 더러운 느낌도 극복한다는 사실을 밝혀낸 적 있다. 아무리 불결해도 예뻐서 껴안고 싶다면, 당신은 진정 사랑에 빠진 것이다.

증거 4. 못생겨도 예쁘다

"내 남친 귀엽지 않니?" "내 여친 눈이 참 예쁘지?" 사실 귀엽지 않다. 눈이 특별히 예쁘지도 않다. 사랑에 빠진 사람은 친구에게 도저히 동의할 수 없는 물음을 던진다.

첫 데이트에서는 상대의 외모를 객관적으로 볼 수 있다. 점차 데이트가 반복되고 마음이 깊어지면, 연인의 외모를 주관적으로 평가하게 된다. 다른 사람에게는 못난 얼굴도 나에게는 아름답게 보인다. 못생긴 남친 얼굴을 귀엽다고 생각한다. 여친의 찢어진 눈이 만화 주인공처럼 크고 예쁘다. 이렇게 상대의 외모를 주관적으로(제멋대로) 평가하기 시작했다면, 사랑이 찾아온 것이다.

🏷 증거 5. 하루 종일 생각난다

사랑에 빠진 사람은 사랑하는 그 혹은 그녀를 생각하면서 시간을 보낸다. 깨어 있는 시간의 85% 동안 연인을 생각한다는 통계도 있다. 이건 정신질환과 유사한 현상이다.

강박장애(obsessive compulsive disorder, OCD)라는 것이 있다. 손에 병균이 묻었다고 생각해 하루에도 수십 번 손을 씻는 사람이 강박장애 환자다. 자기도 모르게 문이 잠겼는지 끝없이 확인하는 것도 같은 질환이다. 사랑에 빠진 사람은 강박장애와 비슷한 증상을 보인다. 자기도 모르게 연인 생각을 하고 또 한다.

🎖 증거 6. 마약중독자 같은 감정 기복을 느낀다

사랑에 빠진 사람은 감정의 편차가 아주 심하다. 극도의 행복
감, 설렘, 흥분, 가슴 뜀, 에너지 분출을 느낀다. 잠을 잃고 식
욕을 상실하는 경우도 있다. 작은 일에도 사랑이 잘못될까 걱
정해 공포와 불안에 젖어든다.

　　이런 반응은 마약중독과 비슷하다. 실제로 사랑에 빠진
사람에게 애인 사진을 보여주면 뇌의 특정 부위가 활동하는
데, 마약 주사를 맞은 마약중독자도 같은 뇌부가 활성화된다.
사랑에 빠진 사람은 마약중독자와 근본적으로 다르지 않다.

🎖 증거 7. "아프냐? 나도 아프다"

상대방의 감정을 내 것처럼 여기는 공감능력이 사랑의 특징
이다. 연인의 고통을 자신의 고통으로 느끼게 된다. 또 연인
을 위해 무엇이든 희생하고 양보할 수 있다는 생각도 갖게 된
다. '연인이 곧 나'라고 생각하기 때문에 그런 희생이 가능해
진다.

🎴 증거 8. 애인을 위해 나를 변화시키려 한다

나의 생활과 취향을 변화시켜 애인에게 맞추려 노력한다면 그것이 사랑의 증거다. 사랑에 빠지면 먼저 연인의 생활에 맞춰 자기 삶의 우선순위를 재배치한다. 그 또는 그녀에게 전화하는 것이 최우선순위가 되고, SNS 꾸미기를 중요한 일로 생각하게 된다. 반면 친구들과의 만남은 우선순위가 낮아진다. 사랑에 빠지면 상대방의 취향에도 맞추고 싶어 한다. 영화나 책에 대한 선호, 옷 입는 습관, 기타 호불호 등을 바꿔 연인과 비슷해지려고 애쓰게 된다.

🎴 증거 9. 정신을 못 차린다

내가 요즘 뭘 하면서 사는지 잘 모르겠다. 미래를 위해 계획한 일들을 해야 하는데, 생각은 딴 곳에 가 있다. 아무리 애를 써도 정신을 차릴 수 없다. 이성적으로 판단해 행동하기 어렵고 정신이 몽롱하다. 그렇다면 사랑이 이미 당신 마음속에 들어온 것이다.

🌸 증거 10. 뭔가에 통제당하는 느낌이 든다

낯선 감정이나 욕망이 강하게 솟구친다. 그런 기분을 통제할 수 없고 오히려 통제 당한다. 상대방에 대한 생각을 멈출 수 없고 만나고 싶은 감정이 북받친다면 당신은 사랑에 빠졌다. 자꾸만 전화를 하고 싶어 견딜 수 없다. 매일매일 강력한 힘에 의해 좌우되고 있는 것 같다. 사랑은 그렇게 사람을 뒤흔드는 힘이다.

🌸 증거 11. "너의 단점이 안 보여!"

그 또는 그녀는 불평불만이 많다. 성실하게 생활하지 않고 시간을 게을리 흘려보낸다. 약속시간에도 자주 늦는다. 명백한 단점이다. 그런데 사랑에 빠지면 상대의 이런 단점들이 보이지 않는다. 단점은 투명해져 사라지고 장점에만 주목하게 된다. 아주 편파적인 시선을 갖게 되면 사랑이 시작됐다고 봐야 한다.

만일 이 열한 가지 증상을 모두 보인다면 당신은 틀림없이 사랑에 빠진 것이다. 몇 가지만 해당되어도 역시 사랑이다. 아무리 퍼줘도 전혀 아깝지 않고 더러워도 에뻐 보이고 하루 종일 상대에 대한 생각을 지울 수 없다면, 그것만으로도 사랑이 시작됐다는 강력한 증거가 될 수 있다.

사랑의 일곱 가지 색

♥

사람마다 성격과 외모가 다르고, 사랑하는 방식도 다르다. 나는 어떤 스타일의 사랑을 하고 있을까? 또 나의 연인은 어떤 사랑을 하는 사람일까?

미국의 사회학자들이 정의한 사랑 분류법 중 유명한 것이 두 가지다. 캘리포니아 대학교의 테리 햇코프(Terry Hatkoff)와 워싱턴 대학교의 페퍼 슈워츠(Pepper Schwartz)가 설득력 있고 재미있는 사랑의 분류학을 제시하는데, 둘을 절충해서 여기 소개한다. '감별 퀴즈'를 통해 어떤 유형의 사랑을 하는지 판단해볼 수 있다.

🎖 Type 1. 로맨틱한 사랑

이 유형은 낭만적이고 열정에 사로잡히는 스타일이다. 로맨틱한 사랑에 빠지는 사람은 감성적이다. 사랑을 아름다운 축복으로 여긴다. 그리고 애교와 활력으로 상대를 기쁘게 한다.

| 감별 퀴즈 |

첫눈에 사랑하는 게 가능하다고 믿는다.   O X

처음 키스하거나 볼을 비볐을 때 정신이 아득했다.   O X

상대와 처음 만나 키스했다.   O X

상대의 외모를 가장 중시한다.   O X

커플 티나 커플 모자 등을 좋아한다.   O X

🎖 Type 2. 주도형 사랑

이 유형은 자신에게 중요한 기준을 바꾸지 않으려 한다. 자기 기준에 애인이 맞춰주길 강력히 원한다. 데이트도 미리 계획을 세우고 충실하게 해야 한다고 생각한다.

| 감별 퀴즈 |

애인이 나의 제안을 따르지 않으면 불쾌하다.   O X

연애할 때 가치관이 서로 일치하는지 가장 먼저 따진다.　　O X

애인이 납득 못할 행동을 할 때가 많다고 생각한다.　　O X

여행 계획은 몇 개월 전부터 완벽히 꾸며야 한다.　　O X

🍃 Type 3. 소유욕 사랑

이 유형은 애인을 소유하고 싶어 한다. 멀리 방임하면 떠날까 두려워하는 스타일이다. 사랑을 하면서도 불안감이 큰 편이다. 소유욕 사랑을 하는 사람과 만난 상대는 아주 피곤할 수도 있다. 물론 집착이나 소유욕을 이해하고 오히려 사랑해주는 너그러운 사람도 존재한다.

| 감별 퀴즈 |

애인과는 함께 많은 시간을 보내야 한다고 생각한다.　　O X

애인이 나에게 신경을 안 쓰면 화가 난다.　　O X

애인이 다른 사람을 보면 질투심을 견디기 힘들다.　　O X

오랫동안 사귀었지만 헤어질까 불안하다.　　O X

자주 애인의 휴대전화를 뒤져보고 싶다.　　O X

🎗 Type 4. 헌신적 사랑

애인을 만족시키기 위해 헌신하는 유형이다. 자신이 얻는 것보다 해주기를 원한다. 이타적으로 일하고 말하고 행동하면서 상대가 원하는 걸 주려고 애쓴다.

| 감별 퀴즈 |

애인이 고통받느니 차라리 내가 고통을 겪겠다.　　　　O X

내 행복보다 애인의 행복이 우선이다.　　　　　　　　O X

이별 후에도 옛 애인이 잘 지내는지 꼭 알아본다.　　　O X

애인의 소망을 위해 내 소망을 희생할 수 있다.　　　　O X

내가 가진 것은 모두 애인이 사용할 수 있다.　　　　　O X

🎗 Type 5. 친구형 사랑

친구로 오랫동안 만난다. 특별한 감정도, 연애를 하겠다는 결심도 없다. 그런데 어느새 친한 친구가 연인으로 다가온다. 이런 친구형 연인은 사랑을 천천히 시작하지만 관계를 오래 지속할 수 있다.

'내가 사랑에 빠졌구나' 하고 늦게 깨닫는 경우가 많다.   O X

짧은 시간에 피어나는 사랑은 진정한 사랑이 아니다.   O X

스킨십은 때가 되면 저절로 하게 되니 서두를 필요 없다.   O X

사랑했던 사람들 대부분과 좋은 친구 사이로 지낸다.   O X

Type 6. 논리적 사랑

가치관이나 취향, 사회적 배경이 맞아야 사랑할 수 있다고 믿는 사람들이 있다. 사랑에 빠지기 전에 그 사람이 내 인생에서 어떤 존재가 될지 먼저 따져야 한다고 생각한다. 그리고 직업에서의 성취도가 사랑을 선택할 때 중요한 고려사항이 된다. 성공한 사람을 애인으로 선택한다는 것이다.

| 감별 퀴즈 |

인생을 어떻게 살지 계획하는 게 사랑보다 먼저다.   O X

상대 집안에 고혈압 등 성인병 내력이 있나 알아본다.   O X

배경이 비슷한 사람과 사랑하는 게 최선이다.   O X

상대의 직업이 좋아야 사랑할 수 있다.   O X

뜨겁고 정신없는 사랑에 잘 빠지지 않는다.   O X

🎉 Type 7. 바람둥이형 사랑

'선수' 혹은 바람둥이 스타일은 관계를 오래 유지하지 못한다. 지겹다는 생각을 자주 하고 다른 사람을 찾아 쉽게 떠난다. 이런 유형의 사람들은 사랑을 놀이로 여긴다. 사랑이란 상대를 사로잡는 게임이라고 생각하는 것이다.

| 감별 퀴즈 |

두 명 이상의 애인을 동시에 사귄 적 있다.	O X
애인이 알면 화낼 일을 한다.	O X
사랑이 깨져도 상처를 금방 회복한다.	O X
사랑이 게임처럼 재미있다.	O X
자신의 사랑 기술이 남들보다 뛰어나다고 생각한다.	O X
별로 마음에 들지 않아도 접근해 전화번호를 묻는다.	O X

첫 번째 유형인 '로맨틱한 사랑'을 하는 사람은 첫눈에 사랑에 빠질 수 있다고 믿는다. 멋진 사람을 보면 심장이 찌릿찌릿하다. 만약 당신의 연인이 이 유형이라면 달콤하고 즐겁고 활기 넘치는 연애를 할 수 있다. 그러나 비현실적인 기대를 한다는 게 문제다. 애인은 사랑이 항상 아름답고 낭만적이어야 한다고 믿을 것이다. 사랑이 때로는 현실이고, 편

안한 사랑이 완성된 사랑이라는 사실을 알려주고 설득하는 게 좋다.

두 번째 유형인 '주도형 사랑'을 하는 사람은 양보를 잘하고 배려심이 많은 사람을 선택해야 한다. 상대가 내 의견을 존중하고 받아들여준다면 아주 이상적이다. 애인이 이런 유형이면 편할 때가 많다. 데이트를 철저히 계획하기 때문이다. 분석하고 계획하는 습관이 결혼생활에도 큰 도움이 될 것이다. 다만 자신의 뜻대로 하길 원한다는 점이 문제다. 이해하고 수용하는 태도를 가져야 사랑이 유지된다.

세 번째 유형인 '소유욕 사랑'을 하는 사람도 꽤 있다. 이런 사람은 무엇보다 스스로 괴롭다. 불안과 걱정에 휩싸여 살기 때문이다. 애인이 이런 스타일이라도 내가 힘들기는 마찬가지다. 감시와 통제를 받는 느낌 때문이다. 대부분의 사람들에게는 연인이나 반려자를 독점하려는 욕구가 숨어 있다. 그런데 소유욕이 지나치면 그건 사랑이 아니다. 서로 피곤할 뿐 아니라 상대에게 상처를 줄 수도 있다. 내 마음속의 소유욕이 심하지 않은지 살피고 경계할 필요가 있다.

네 번째 유형인 '헌신적 사랑'을 하는 사람은 상대에게 많은 것을 주고 싶어 한다. 애인이 이런 스타일이면 나는 편할 것이다. 그러나 아무런 조건도 내세우지 않는 사랑은 아름답지만 문제도 있다. 사랑은 상호적 관계다. 자신이 원하는 것을 애인에게 말할 수 있어야 한다. 한쪽만 희생하고 양보하는 관계는 건강하지 않다. 때로는 자신의 요구를 내세워야 한다. 가끔은 이기적일 필요도 있다.

다섯 번째 유형인 '친구형 사랑'을 하는 사람을 만난다면 가장 좋은 건 편안하다는 점이다. 친구 혹은 가족처럼 나를 잘 이해해줘서 좋다. 관계가 안정적으로 지속될 가능성도 높다. 하지만 로맨틱한 열정을 느끼기 어렵다는 게 문제다. 좋게 말하면 '은근하고', 나쁘게 말하면 '미지근한' 연애를 하게 되는 것이다.

여섯 번째 유형인 '논리적 사랑'을 하는 사람과는 낭만적이고 뜨거운 사랑을 기대하기 어렵다. 다분히 사무적이고 계산적인 느낌을 줄 것이다. 장점도 있다. 약속을 잘 지키고 책임감이 크다. 감정에 흔들리고 좌절감에 빠져 나를 괴롭힐 가능성이 적다. 좋은 애인은 아니겠지만 돈도 잘 벌어와 가계에 큰 도움을 줄 것이다.

일곱 번째 유형인 '바람둥이형 사랑'을 하는 사람을 만난다면 긴장을 풀 수가 없다. 언제 달아날지 모르기 때문이다. 나의 매력을 지속적으로 뽐내야 내 곁에 머문다. 자신감 있는 태도도 바람둥이 스타일을 매료시킬 수 있다. 피곤하지만 사귀는 게 재미있는 유형이다. 한편 바람둥이도 극적인 개과천선의 가능성이 있다. 연애를 충분히 경험한 후 지겨워지면 착한 남편 혹은 아내가 되고 싶어 한다.

나의 사랑이 정삼각형이기를

♥

아름다운 여인을 봤다. 혹은 멋있는 남성을 만났다고 하자. 인사를 나누고 시선을 교환했다. 순간 정신이 몽롱해졌다. 만난 지 3분밖에 되지 않았는데 가슴이 펄떡거린다. 첫눈에 반한 것이다. 이 감정은 사랑일까?

물론 사랑이라고 할 수 있을 것이다. 그런데 엄밀하게 말하면 뭔가 부족한 사랑이다. 미국 코넬 대학교의 심리학자 로버트 스턴버그(Robert Sternberg)에 따르면, 이런 사랑은 완전한 사랑이 아니다. 그는 친밀감, 열정, 헌신을 사랑의 3요소라고 설명한다. 유명한 '사랑의 삼각형 이론'이다.

실험을 해보자. 당신이 좋아하는 사람을 떠올리자. 1분 이상 그 사람에 대해 생각한다. 친구도 좋고 애인도 괜찮다. 이제 자신에게 묻고 답해보자.

- 편안하고 친근한 느낌이었나? → 친밀감
- 생각만 해도 마음이 뜨거워졌나? → 열정
- 앞으로도 오랫동안 충실한 짝이 될까? → 헌신

이 세 가지를 다 느꼈다면 완전한 사랑을 하고 있다는 의미라고 스턴버그 교수는 말한다. 차례차례 다양한 종류의 사랑을 살펴보자.

✐ Type 1. "첫눈에 반했어" = "우리 아직 편하지는 않아"

청년기 혹은 사춘기에 흔히 경험하게 되는 것이 '첫눈에 반하는 사랑'이다. 처음 본 사람인데 가슴이 요동치고 정신이 흐려지면서 다리에 힘이 빠진다. 이런 사랑은 사랑의 3요소 중에서 열정만 있다.

먼저 친밀감이 없다. 처음 만났으니 가까운 사람처럼 편안하지 않은 것이다. 상대가 아주 좋기는 한데 아직 불편하다. 말과 행동을 조심하느라 신경이 곤두선다. 달리 말하면 에너지 소비가 많고 피곤하다. 첫눈에 반한 사랑에는 헌신도 없다. 그 또는 그녀를 위해 많은 것을 해주겠다는 것이 헌신의 마음이다. 믿음을 지켜내는 충실한 파트너가 되겠다는 것도 헌신의 약속이다. 첫눈에 반했다면 아직 헌신의 마음이 생겼다고 보기 어렵다.

누군가에게 첫눈에 매료된다는 것은 기적 같은 경험이다. 사람을 들뜨고 희열하게 만드는 감정이다. 그런데 취약한 사랑이다. 열정만 갖추고 친밀감과 헌신은 결여되어 있기 때문이다. 첫눈에 반한 사랑도 성숙한 사랑으로 발전할 수 있지만 많은 노력이 필요하다. 여러 우여곡절을 견뎌야 한다. 대부분의 경우 첫눈에 반한 사랑은 시간이 조금 지나면 증발해버리는 휘발성 감정이다.

✤ Type 2. "넌 좋은 친구야" = "떨림은 없어"

그럼 우정은 어떨까? 친구 사이의 소중한 감정도 사랑일까? 이런 상황을 가정해보자.

A : 나는 너를 사랑해. 우리 사귀자.
B : 나도 너를 좋아해. 넌 좋은 친구야. 하지만….

좋은 친구인데 사랑은 안 한다는 말이다. 이 대화에서 B는 A를 단순히 가깝게 느낄 뿐이다. 사랑의 3요소 중에서 친밀감만 있고 열정과 헌신은 결핍 상태다.

친구 사이의 우정은 사랑과 어떻게 다를까? 친밀감은 갖추고 있다. 그런데 그것이 전부다. 상대를 향한 뜨거운 마음이나 떨림이 있을 리 없다. 즉 열정이 없는 것이다. 오랫동안 짝이 되겠다는 헌신의 마음도 없다. 친구끼리 미래에 대한 계획을 하는 게 오히려 이상하다. 자연스럽게, 그리고 편안하게 지내는 것이 우정의 핵심이다. 우정은 넓게 보면 사랑에 속하지만 보통의 사랑처럼 발전 혹은 진화하지 않는다. 즉 이미 완성되었기에 평생 지속될 수 있는 따뜻한 마음이 우정이다.

✏ Type 3. "사랑은 조건이야" = "외로워도 괜찮아"

정략결혼을 한 사람들의 사랑은 공허하다. 부모의 요구 때문에 어쩔 수 없이 결혼하고 아이도 생겼다고 가정해보자. 결혼한 상대에게 충실하겠다는 마음(헌신)은 있겠지만, 친밀감이나 열정은 없다. 의무감만 있는 텅 빈 사랑이다. 재벌가 사이의 결혼, 정계의 혼맥 등을 떠올리면 된다.

그런데 '공허한 사랑'의 충동을 갖고 있는 일반인도 흔하다. 자신의 의지로 정략결혼에 가깝게 사랑하고 결혼하는 사람들이 적지 않다. 어떤 이들은 부와 물질을 얻기 위해 결혼을 선택한다. 더 편하고 풍족하게 살 수 있도록 해줄 남편 혹은 아내를 맞이한다. 이런 사랑과 결혼의 당사자들은 열정이 반드시 필요하다고 생각하지 않는다. 친밀감이 없어도 큰 문제가 아니라고 본다. 사랑과 결혼을 세속적 욕망의 충족 수단으로 여긴다.

한편 부와 물질에 대한 욕망이 아니라 도피를 위해 결혼하는 경우도 있다. 현재의 삶이 불편하고 싫어 결혼 제안을 받아들이는 식이다. 이 경우 결혼은 현실 탈출을 위한 수단이 된다. 정략결혼의 또 다른 버전인 셈이다.

공허한 사랑을 하는 사람들이 생각보다 많다. 이득을 계산하고 선택하는 사랑이나 결혼이 악한 것은 아니다. 반드시 불행을 가져온다고 단언할 수도 없다. 하지만 외로울 수 있다. 계산적인 선택을 하더라도 공허감을 감당할 각오가 필요한 것이다.

Type 4. "오늘도 미치도록 사랑해" = "내일은 모르겠어"

서로를 뜨겁게 사랑하는 젊고 에너지 넘치는 남녀는 만날 때마다 달콤함을 맛볼 수 있다. '낭만적인 사랑'에 빠진 사람들은 열정은 물론 친밀감도 느낀다. 편안하면서도 달콤한 로맨스는 많은 이들의 꿈이다.

이론적으로는 이런 사랑도 완벽하지 않다. 열정과 친밀감을 공유하지만 헌신의 마음이 부족하기 때문이다. 낭만적인 사랑을 하는 남녀는 현실에 집중하고 미래 계획은 잘 세우지 않는다. 때로는 미래 계획이 위기를 낳는 원인이 될 수 있다. 이를테면 한쪽이 "우리 결혼할까?"라고 물었을 때 상대방은 당황할 수 있다. 기존의 관계와 사랑에 회의를 느낄 수도 있다. 미래에 대해 말하는 순간 낭만적인 사랑은 깨질 수도 있는 것이다.

친밀감과 열정, 그리고 헌신의 마음. 이 세 가지를 유지한다면 성숙한 사랑이다. 서로 충분히 익숙해져 편한데 여전히 뜨겁고, 오래 함께하겠다는 다짐까지 갖춰야 사랑은 완전하다.

물론 이런 사랑은 현실에서 흔하지 않다. 사람이건 인생이건 사랑이건 완벽할 수만은 없다. 결핍이 있는 게 도리어 자연스럽다. 사랑에 부족한 점이 있어도 여전히 소중한 사랑이다. 예컨대 나이가 들고 사랑이 오래되면 친밀감과 헌신의 마음은 있어도 자연스럽게 열정이 식는다. 중년 이후의 부부는 보통 그런 사랑을 유지한다.

하지만 사랑의 3요소가 무용한 것은 아니다. 나의 사랑을 객관화하고 분석하는 데 좋은 틀이 될 수 있다. 자기점검을 해보자. 자신의 사랑을 돌아보자.

서로 친한 친구처럼 편한가?(친밀감을 갖고 있는가?) 상대를 생각하면 마음이 뜨거워지고 설레는가?(열정이 있는가?) 먼 미래에도 이 관계가 유지되도록 노력할 것인가?(헌신의 마음이 있는가?)

이 세 가지가 균형을 이루고 있다면 당신의 사랑은 오래 지속될 확률이 높다. 외부 충격에 흔들릴 가능성도 적다. 건강하고 생명력이 강한 사랑을 하는 것이다.

완벽하고 운명적인 사랑을 기대하지만

♥

신데렐라가 유리구두 한 짝을 남기고 사라져버렸다. 이 구두가 세상을 다 뒤집을 줄 아무도 몰랐다. 사랑의 열병에 빠진 왕자가 온 나라를 뒤진다. 유리구두가 발에 맞는 여성을 찾아내기 위해서다. 생업에 종사해야 할 백성들의 삶은 도박판이 된다. 너도나도 왕자의 신부가 되는 로또를 거머쥐기 위해, 어금니 악물고 고통을 참으며 딱딱한 유리구두에 발을 밀어 넣는다. 유리구두에 발이 딱 맞는 것처럼, 왕자는 신데렐라와 자신이 완전히 맞는 운명적 사랑이라고 믿었다. 나라를 들쑤신 그는 마침내 신데렐라를 만나 결혼에 골인한다. 백성들은 몰라도 둘만은 행복했다.

동화 속 왕자님만 운명적 사랑을 만나라는 법 있나, 현실의 평범한 나도 운명적 짝을 만나게 되지 않을까, 그 혹은 그녀가 어디선가 나를 기다리고 있지는 않을까. 두말할 것도 없이 헛꿈 같은 판타지다. 사람들은 수천 년 전부터 이런 판타지에 젖어 살았다.

옛날이야기에 따르면 원래 인간은 남녀가 한 몸—최초의 인간들은 남성과 남성, 남성과 여성, 여성과 여성의 세 종류—이었다고 한다. 다리도 팔도 귀도 네 개였다. 두 얼굴이 서로 반대편을 향해 붙어 있고 생식기는 둘이었다. 완전한 인간은 신에 맞설 만큼 강했기 때문에 골칫거리였다. 그렇다고 인간을 없앨 수는 없었다. 공물을 바치는 인간들이 없다면 신들에게도 손해였다.

제우스가 딜레마를 해결할 기발한 아이디어를 냈다. 인간을 둘로 가르는 것이다. 그러면 인간이 약해질 뿐 아니라 공물은 계속 받을 수 있을 것이었다. 이때부터 인간은 사랑의 고통에 빠져든다. 본연의 모습을 회복해 자신을 완성하기 위해 운명적 반쪽을 찾아 헤맨다. 결국 둘이 만나면 사랑이 꽃피우고 그 무엇과도 비교할 수 없는 행복을 느끼게 된다.

고대 그리스 시대 철학자 플라톤(Plato)의 『향연(Symposion)』에 나오는 이야기다. 인간에게는 운명적으로 정해진 짝이 존재한다는 의미다. 현대인 중에도 이런 환상에 사로잡힌 이들이 많다. 2011년 미국의 여론조사기관 마리스트 폴(Marist Poll)이 조사한 바에 따르면, 미국인의 73%는 운명적 사랑을 만나게 될 것으로 믿는다고 답했다. 이런 믿음은 젊을수록 강했다.

사실 통계를 볼 것도 없다. 우리가 즐겨 보는 드라마와 영화 대부분은 운명적 사랑이 실제로 존재한다고 속삭인다. 〈백설공주〉, 〈알라딘〉, 〈인어공주〉 등 디즈니 애니메이션에도 완전하고 아름다운 사랑을 이루는 남녀가 등장한다. 그래서 우리는 어릴 때부터 무의식중에 완벽한 사랑을 기대한다. '나를 완전하게 만들 운명적인 반쪽이 이 세상에 존재할지 모른다'는 환상을 갖는다.

내가 지금 운명적인 사랑에 빠져 있다고 믿는 것도, 또 언젠가 완벽한 사랑을 할 수 있다고 생각하는 것도 우리의 삶과 사랑에는 해롭다. 운명적 사랑을 믿으면 병이다. 이건 많은 심리학적 연구가 동의하는 바다.

세상에는 크게 두 종류의 연인이 있다. 자신들이 운명적으로 사랑에 빠졌다고 생각하는 '환상파'와 평범한 커플이라고 보는 '현실파'로 나뉜다. 미국 서던캘리포니아 대학교의 심리학자 노버트 슈워츠(Norbert Schwarz)의 연구 결과는 운명적 커플이라고 자평하는 이들이 갈등에 아주 취약하다는 걸 보여준다. 이들 커플은 갈등 상황에 놓인 걸 믿을 수 없어 좌절한다. 둘은 완벽하게 맞는 최고의 짝인데 어떻게 갈등이 생길 수 있느냐며 절망한다.

자신들을 평범한 짝으로 여기는 커플은 갈등 상황에 강하다. 좋을 때도 있고 나쁠 때도 있다고 생각한다. 갈등은 얼마든지 일어날 수 있다는 게 그들의 태도다. 갈등도 잘 해결하고 관계를 굳건하게 지켜낸다.

반면 운명적으로 만난 사이라고 생각하는 커플은 매사에 일치하고 모든 순간 아름답고 행복해야 한다고 여긴다. 그러한 당위에서 벗어나는 일들은 비정상적일 뿐 아니라 있을 수도 없다고 믿는다. 그래서 문제가 발생하면 당황한다. 부정하고 주저앉는다. 적극적으로 문제를 해결할 생각을 못하는 것이다. 운명적 사랑의 신화에 빠져 있으면 그렇게 사랑을 망친다.

적지 않은 경우 바람둥이는 운명적 사랑이라는 환상이 낳은 아들딸이다. 운명적 사랑을 꿈꾼다는 것은 기존 관계를 쉽게 버릴 수 있다는 의미다. 문제가 생기거나 실망하게 되면

'이 사람이 아니다'라고 확신하며 진정한 사랑이 있을 다른 곳으로 훌쩍 떠나버리는 것이다.

사람은 누구나 부족하다. 불완전한 인간이기에 연인에게 실망도 주고 문제를 일으킬 수도 있다. 그런 경우 문제를 지적하고 고치면 된다. 그러면 사랑의 관계가 더욱 성숙해질 것이다. 그런데 운명적 사랑의 추종자들은 관계를 교정하려는 노력의 과정을 인정하지 않는다. 고칠 필요 없는 완벽한 사랑이 어디엔가 존재한다고 믿기 때문이다. 그들은 운명적 사랑을 찾아 등 돌리고 달아나버릴 가능성이 높다. 완벽한 사랑을 믿는다면 타고난 바람둥이인 셈이다.

플라톤의 제자 아리스토텔레스(Aristoteles)는 이렇게 말했다. "사랑은 두 개의 몸에 깃든 하나의 정신으로 이루어져 있다." 사랑하는 사람들의 영혼은 일치한다는 말이다. 연애하는 많은 사람들이 인용하는 명언이다. 또 실제 연애를 하다보면 이렇게 외치고 싶을 때가 많다.

- "우리는 완벽한 커플이야!"
- "넌 나의 잃어버린 반쪽인 게 분명해!"
- "너는 하늘이 나에게 내려준 선물이야!"

말은 그렇게 하자. 그런데 정말로 그렇게 믿지는 말자. 운명적 사랑이라는 것은 존재하지 않는다. 우리는 친구 같은 연인이어야 한다. 친구들은 싸우고 갈등하면서 더욱 친해진다. 정상적인 연인도 같은 식으로 친밀해진다. 동화나 영화에 나오는 완전한 사랑은 거짓말이다. 현실에는 불완전한 사랑이 존재할 뿐이다. 사람도 불완전하고 사랑도 불완전할 수밖에 없다. 그렇게 생각해야 더욱 많이, 그리고 뜨겁게 사랑할 수 있다.

우리가 비슷하기 때문이지

♥

　자신과는 반대 성향을 가진 사람에게 끌린다는 게 통설이다. 그런데 끌리는 것과 만족도는 다르다. 끌린다고 해서 그 상대와 행복하게 사는 것은 아니다. 돈 문제만 해도 그렇다. 통 크게 소비하는 사람은 절약하는 사람에게 끌리지만, 이렇게 성향이 다른 사람이 결혼하면 다툼이 잦다. 끌리지만 만족도는 낮은 것이다.

　미국 미시건 대학교 로스 경영대학원의 스콧 릭(Scott Rick) 외 연구자들은 1천 명의 성인을 대상으로 연구를 진행해 돈 쓰는 태도가 다른 사람이 서로에게 매력을 느낀다는 사실을 발견했다. 돈을 아끼는 구두쇠는 돈을 쓸 때마다 심리적 고통이 크다. 돈을 펑펑 쓰는 사람은 돈을 아낄 때 고통을 느낀다. 이렇게 상반된 소비 습관을 가진 사람들이 연인이 되고 부부가 되는 사례가 많았다.

이유를 추정할 수 있다. 구두쇠는 돈을 아끼면서도 마음 한구석에 실컷 돈을 쓰고 싶은 욕망이 있다. 낭비벽 소유자는 돈을 헤프게 쓰면서도 미래에 대한 불안감을 느낀다. 그들은 반대 성향을 가진 사람을 만나면 자신의 단점을 메워줄 것으로 기대한다. 자신에게 없는 것을 가진 사람에게 끌리는 것이 자연스럽다.

그런데 반대 성향을 가진 두 사람이 결혼하면 장기적으로 행복하지는 않았다. 연구자들에 따르면, 돈 쓰는 습관이 다른 커플의 결혼생활을 분석해보니 갈등이 많았다. 돈을 어떻게 쓸지, 미래를 위해 어떻게 투자하거나 저축할지를 놓고 대립했다. 또 결혼에 대한 만족도도 낮았다. 자주 싸우니까 당연히 결혼관계를 불만족스럽게 생각했다.

오히려 같은 성향의 사람과 사는 게 행복했다. 낭비벽 있는 사람이 자신과 마찬가지로 씀씀이가 헤픈 사람을 만나 결혼하면 빚의 규모는 커진다. 그래도 덜 싸웠다. 행복감도 높았다. 알뜰한 사람과 결혼하면 부채는 줄지만 자주 싸우고 불행한 것과는 대비된다.

비슷한 결과를 밝혀낸 주량에 대한 연구도 흥미롭다. 애인을 택할 때 다 같은 조건이라면 주량을 기준으로 삼는 것도 괜찮다. 주량이 비슷한 여자 혹은 남자를 고르면 사랑에 성공할 확률이 높다.

미국 버팔로 대학교 중독연구소(Research Institute on Addictions, RIA)의 케네스 레오나드(Kenneth Leonard) 박사는 주량과 이혼의 상관관계를 분석했다. 그 결과 한쪽 파트너가 술고래면 이혼 확률이 아주 높은 것으로 나타났다. 한쪽은 술을 마시지 않는데 다른 쪽은 과음할 경우 이혼 확률이 50%에 가까웠다고 한다. 과음은 한 번에 6잔 이상의 술을 마시는 것이 최저 기준이다.

주목할 점이 있다. 술을 많이 마시면 이혼한다는 말이 아니다. 한쪽만 술을 많이 마시면 이혼 확률이 높다는 지적이다. 만일 아내와 남편 모두 '헤비 드링커(heavy drinker)'여서 과음을 한다면? 이혼 확률이 낮아졌다.

연구팀이 놀란 것은 부부 모두 술을 전혀 마시지 않을 경우와 둘 다 헤비 드링커일 때 이혼 확률이 거의 다르지 않다는 점이었다. 과음을 하면 부부 사이가 나빠질 것 같은데, 사실은 그렇지 않은 것이다. 왜 그럴까? 술 마시는 사람들은 다른 사람이 술을 마시고 실수해도 관대하기 때문일 것이라고 연구팀은 추정했다.

결론은 나쁜 습관도 서로 이해하면 문제없다는 것이다. 부부가 둘 다 술을 안 마시든가, 아니면 주량이 비슷하면 더 행복하게 살 확률이 높다. 한쪽만 많이 마시면 관계에 해롭다. 결국 주량이 비슷한 파트너를 고르는 것이 좋다는 말이다.

상식적인 수준에서도 납득할 수 있는 연구 결과다. 연인 중 한 사람만 음식에 집착하면 어떨까? 소식하는 사람은 대식가가 불편할 것이다. 식탐 습관이 납득되지 않아 잔소리할 가능성이 높다. 다툼은 끊이지 않을 것이다.

한쪽이 일중독자인 것이 좋을까, 남녀 모두 일중독자인 것이 나을까? 후자의 경우 남녀는 서로를 이해한다. 아니면 적어도 비난할 수는 없다. 일중독 자체가 관계의 파탄을 부르지는 않을 것이다. 또 앞에서 본 바처럼 구두쇠는 구두쇠를 이해한다. 헤프게 돈 쓰는 사람은 자신처럼 소비에 너그러운 사람을 만나야 더욱 행복하다.

나쁜 습관이 없는 사람은 존재하지 않는다. 모든 사람은 단점이 있고, 또 좋지 않은 습관을 갖고 있다. 세상 사람들은 음주, 낭비, 지나친 절약, 식탐 등을 비난하고 조롱한다. 하지만 사랑하는 사람은 나의 나쁜 습관마저 사랑해줄 수 있다.

식탐이나 낭비를 장려해서는 안 되겠지만, 이해하고 보듬어 주면서 서서히 고치도록 유도하는 게 낫다. 비난과 공격은 문제를 해결하지 못한다. 나의 나쁜 모습까지 껴안아주는 사랑은 안식처럼 편하고 따뜻하다.

그는 변하지 않는다

♥

한국인은 변화의 신념을 갖고 있다. 사람은 변화해야 발전하며, 인간의 변화가 어렵지 않게 가능하다고 믿는다. 그래서 이렇게 외친다. "우리는 매일매일 변화하고 발전해야 한다." "태도가 바뀌면 인생이 바뀔 것이다." "가족 빼고 모든 걸 바꿔야 경쟁에서 이길 수 있다."

과연 인간을 근본적으로 변화시키는 게 가능할까? 또 변화를 독려하는 것이 선일까? 아닐지 모른다. 적어도 연애에서는 틀린 말이다.

이를테면 이런 경우다. 그는 자주 전화하거나 문자를 달라는 그녀의 요청을 잘 들어주지 않는다. 귀찮아서가 아니라 굳이 그러지 않아도 사랑을 확신하기 때문이라고 한다.

또 그는 그녀와 한 약속을 잊어버릴 때가 많다. 무시하는 것은 아니고 중요하지 않은 문제는 잘 기억나지 않는다고 한다. 한편 그녀는 활동적이지 않아 주말 야외 데이트를 꺼린다. 영화를 보거나 커피를 마시며 데이트하는 편이라 활동적인 그는 갑갑하다.

이런 단점을 가진 애인 혹은 반려자가 있다고 하자. 답답할 것이다. 상대를 바꾸고 싶다. 단점을 극복하고 변화하는 것이 가능할 뿐더러 단점을 개선하면 관계도 훨씬 나아질 것이라고 보는 게 통념이다. 그런데 틀렸다. 상대를 변화시키려고 하면 할수록 행복해지는 게 아니라 반대로 불행해진다.

뉴질랜드의 심리학자 쉬리나 히라(Shreena Hira)가 160쌍의 커플을 대상으로 연구를 진행했다. 연구 결과 상대를 변화시키려는 시도는 유해한 것으로 나타났다. 변화시키려고 할수록 상대는 불행해한다는 사실이 확인됐다. 변화 압박을 받는 사람뿐 아니라 변화를 요구하는 사람도 힘들고 불행한 느낌을 갖게 됐다.

당연한 일일 것이다. 변화를 요구받는 것 자체가 스트레스다. 작은 버릇도 타고난 성격과 연결된 경우가 많다. 천성을 바꾸라고 누군가 압력을 넣는다면 괴로울 수밖에 없는 것이다. 또 개선을 요구하는 입장에서도 힘들다. 아무리 압박해도 수십 년간 굳어온 상대의 행동이나 습관이 쉽게 개선되지 않는다. 변화 요구를 반복하는 사람도 기운이 빠질 수밖에 없다.

상대의 단점이 보여도 적극적으로 압박하거나 변화를 요구하면 좋지 않다. 연구 결과에 따르면, 가장 좋은 방법은 '알아서 변하겠지' 하고 생각하는 것이라고 한다. 변화할지 말지는 상대가 알아서 풀어갈 문제라고 믿는 게 낫다. 상대의 자율적인 결정을 믿고 방임하는 태도가 연인관계의 행복도를 높인다는 설명이다.

이는 우리에게 중요한 실용적 가르침을 준다. 곁에 있는 애인이나 반려자의 말과 행동을 관찰해보자. 사랑스러운 면도 적지 않지만 어떤 건 정말 마음에 들지 않을 것이다. 그렇게 단점이 있다고 해도 고치라고 요구하지 말아야 한다. 단점 개선 요구를 하는 순간 스트레스가 쌓이고 관계의 불행도가 높아지기 때문이다. 연인의 단점도 포용하자. 산에 예쁜 꽃만 피어 있는 게 아니다. 구석구석 잡초도 있어야 풍요롭고 아름다운 자연이다. 애인에게도 결점이 있는 게 자연스럽다. 뿌리 뽑으려 하지 말아야 한다.

미국 워싱턴 대학교의 명예교수이자 심리학자인 존 고트먼(John Gottman)의 연구 결과도 비슷한 교훈을 준다. 상대의 문제점을 고치려고 달려들지 말아야 한다는 것이다. 고트먼 박사에 따르면, 부부 사이의 문제점 중 30% 정도는 고쳐지지만 70%는 해소되지 않고 결혼생활이 끝날 때까지 지속된다. 연인 혹은 부부 사이에는 문제가 있을 수밖에 없다는 사실을 순리로 받아들이고 포기해야 한다.

예를 들어보자. TV 드라마 또는 영화에 대한 부부의 취향이 다를 수 있다. 한쪽은 다큐멘터리를 좋아하고 다른 쪽은 예능 프로그램을 선호할 수도 있다. 이런 취향 차이는 좁혀지지 않을 가능성이 높다. 행복의 기준은 사람마다 다르다. 아무리 가까운 부부나 연인이라고 해도 습관과 기질과 가치관에서 차이를 보인다. 이러한 차이 때문에 잦은 충돌이 생기고 논쟁을 할 수도 있으며 서로 비판할 때도 있을 것이다. 어차피 고칠 수 없는 문제들인데 언쟁을 계속한다면 시간 낭비다. 에너지와 인생을 허비하는 것이다. 다투다 서로에게 상처를 주면 더 큰 손해다.

어떻게 해야 할까? 결론은 간단하다. 연인이나 부부는 차이를 없애려 노력하지 말아야 한다. 관계에서 발생하는 문제점과 불일치되는 부분을 그대로 인정하는 태도가 필요하다.

자연 속의 잡초처럼 여기고 놔두는 것이다. 군이 고치려 애쓰고 싸워봐야 나아질 것 없으니 방치하는 것이 차라리 낫다. 그렇게 해야 관계가 더 편안하고 행복해진다.

한편 적극적인 대처법도 있다. 맞지 않는 부분은 포기하는 대신 두 사람이 잘 맞는 부분을 키워나가면 된다고 연구자들은 조언한다. 예를 들어 남자는 운동을 싫어하고 여자는 운동을 좋아한다면 어떨까? 군이 운동을 강요할 필요가 없다. 둘이 공통적으로 좋아하는 활동, 이를테면 영화 관람 등을 더 자주 즐기면 되는 것이다. 맛있는 것을 더 자주 먹으러 가는 것도 좋다. 필요하면 남자는 쉬고 여자는 운동을 따로 하면 된다.

디즈니 애니메이션 〈미녀와 야수(Beauty and the Beast)〉는 따뜻한 사랑 이야기다. 책을 좋아하며 착하고 아름다운 벨은 놀라운 능력을 발휘한다. 이기적이고 공격적인 야수를 변화시킨 것이다. 못된 야수를 신사답고 다정하게 바꾸고 왕자님의 외모로 돌아가게 도왔다.

현실의 연애관계에서도 벨처럼 연인을 변화시킬 수 있을까? 불가능에 가깝다. 사람은 잘 변화하지 않는다. 변화하더라도 아주 천천히 조금씩 변하기에 긴 시간이 필요하다.

미국 애리조나 대학교에서 현실적인 연애에 대해 강의하는 메리 루 갈리션(Mary-Lou Galician) 교수는 상대를 고쳐야 한다고 생각하고 압박을 주면, 연인관계가 학대–피학대 관계로 바뀔 수 있다고 지적한다. 상대의 현재 모습을 부정하고 고통을 주는 셈이기 때문이다.

나아가 변화 요구는 반발을 살 수 있다. 현실에서 미녀가 야수를 변화시키려 압력을 가하면 야수가 광분해 미녀를 해칠지도 모른다. 타인의 변화를 갈망하거나 요구하는 것은 비극의 출발일 수 있으니, 상대를 그냥 있는 그대로 내버려두는 '무관심'이 필요하다.

현실에서 야수 같은 남자가 착한 사람으로 변할 수 있을까? 이를테면 데이트폭력의 피해를 입은 여성들이 그 남자와 결혼하는 경우가 있다. 이런 여성들은 심각한 착각에 길들여져 있다. 야수 같은 남자친구가 변화할 것이라는 믿음을 버리지 못하는 것이다. 머지않아 폭력을 휘두르지 않는 착한 존재로 바뀔 것이라는 기대를 갖고 결혼을 결심하는데, 결과는 좋지 않다. 여성은 오랜 시간 동안 고통을 겪는다. 나쁜 습관을 가진 애인의 변화를 확신하는 건 환각에 가깝다.

영어권에 이런 금언이 있다. "사람의 가능성과 사랑에 빠지지 말라." 가능성을 사랑하지 말고 현재의 모습만 보라는 것이다. 나중에 더 좋은 사람이 될 것이라 전제하고 결정을 내려서는 안 된다. 대신 현재의 모습과 습성만이 판단의 근거가 돼야 한다.

사람은 고쳐 쓸 수 없다고 한다. 상대가 심각하게 나쁜 습관을 가졌다면 일찍 포기하는 것이 옳다. 상대를 억지로 바꾸려고 압박해도 불행하고, 상대의 변화를 철석같이 확신하며 결혼이라는 도박을 하는 것도 위험하다. 만일 작은 단점들을 가지고 있다면 어떻게 해야 할까? 이해하고 놔둬야 행복해진다.

달콤함의 수명

♥

　"결혼은 사랑의 무덤이다." 엽색가로 유명한 이탈리아 작가 카사노바(Giacomo Girolamo Casanova)가 남긴 말이다. 그런데 사랑은 어차피 죽게 되어 있다. 사랑은 놔둬도 몇 년 가지 않고 생명을 다한다. 사랑이 죽어 무덤에 들어간다면 그것은 결혼에 의한 타살이 아니라 사랑의 자연사다. 결혼은 잘못이 없다.

　사람들은 결혼을 사랑한다. 큰 불편을 감수하고 결혼을 한다. 시월드와 처월드가 생기고 속박과 책임이 커진다. 주거와 결혼식 비용 때문에 채무를 질 수도 있다. 집과 예식장을 구하고 소식을 알리고 생활용품을 사는 등 온갖 복잡하고 귀찮은 일을 해내고 결혼한다. 왜 이렇게 힘든 결혼을 하고 싶어

안달일까? 사람들은 결혼이 주는 이점을 알고 있기 때문이다. 결혼은 행복을 선물한다. 우리는 사랑의 행복을 연장시키기 위해 결혼하는 것이다.

너무 큰 기대는 하지 말아야 한다. 결혼의 행복 효과는 오래 지속되지 않는다. 연구에 따라 조금씩 다르지만 통상 2년에 불과하다. 그렇다고 절망할 것도 없다. 20년 후에 또 다른 행복이 기다리고 있기 때문이다.

2003년 결혼생활을 15년 이상 유지한 미국인과 유럽인 1천 761명을 대상으로 한 연구가 진행됐다. 밝혀진 사실 중 눈에 띄는 것은 결혼의 '행복시효'다.

누구나 궁금하다. 결혼은 우리를 얼마 동안이나 행복하게 만들까? 신혼의 기쁨은 몇 년이나 갈까? 평균적으로 결혼 이후 2년 동안 행복감이 높아진다는 게 연구를 통해 확인됐다. 그럼 2년 후에는 어떻게 될까? 결혼 전으로 되돌아간다. 결혼의 행복시효 2년이 지나면, 결혼 이전에 느꼈던 행복감 수준으로 회귀한다.

생각해보면 당연한 것 같다. 성격 나쁜 사람이 있다고 가정하자. 항상 불만이 많고 자신의 미래는 어두울 것이라고 비관하는 습성이 있다. 이 남자가 복권에 당첨되어 10억 원을 얻었다. 그는 행복한 사람으로 변모할까? 몇 주 또는 몇 달 동안은 행복할 것이다. 얼마간 친절할지도 모른다. 그러다 재산에 익숙해지면 곧 원래의 성격으로 돌아갈 것이라고 볼 수 있다. 비관적이며 행복지수가 낮은 상태로 회귀할 가능성이 크다.

결혼도 복권처럼 행복을 주지만 사람은 행복에 적응하게 마련이다. 머지않아 결혼의 행복감은 일상이 된다. 행복에 무감해지고 결혼 이전의 행복감 수준으로 되돌아가게 되는 것이다.

슬픈 일이다. 신혼의 행복은 너무 짧다. 결혼하려고 그 오랜 기간 데이트하고 스트레스 받고 돈을 쓰고 노력을 쏟아 부었는데 신혼의 달콤함이 2년을 버티지 못한다. 그러나 현실을 받아들여야 한다. 문화나 개인에 따라 차이가 있겠지만 신혼의 효과는 대략 24개월이면 사라진다. 평생 신혼처럼 행복할 것이라는 기대는 버려야 한다.

그럼 아이를 낳으면 어떨까? 자녀는 비할 바 없는 행복을 주지만 행복을 앗아가기도 한다. 출산은 축복이자 결혼의 심각한 고비다. 미국 심리학자 존 고트먼 박사에 따르면, 첫 아이가 태어난 후 부부의 행복감이 낮아진다. 첫 자녀 출생 후 3년 동안 부부 사이 사랑의 만족도가 떨어진다고 답한 이들은 67%에 달했다. 아이 출생 이전과 비슷하거나 더 만족스럽다고 말한 이들은 33%였다.

아이가 태어나는 것은 축복이다. 그 자체로 행복을 줄 수 있다. 그런데 육아는 대단히 힘든 일이다. 육체적으로나 정신적으로 에너지의 고갈 상태를 느끼게 만든다. 그 결과 부부 사이의 행복감 혹은 사랑의 만족도는 떨어지게 된다는 것이다.

양육 문제로 행복감이 줄어드는 경향은 자녀가 학교에 입학하기 전까지 지속된다. 뒤집으면 희소식이다. 아이가 입학한 후에는 그나마 상황이 나아진다. 자녀를 돌보는 데 시간이나 에너지를 그나마 덜 쏟아도 되기 때문일 것이다.

2003년의 조사에서는 아주 희망적인 발견도 있었다. '제2의 신혼'이 기다리고 있다. 20여 년 참고 견디면(?) 아이들이 자라서 떠난다. 부부 둘만 남게 된다. 새끼들이 떠나고 새 둥지가 비는 것과 같은 상황이다. 이때 부부는 신혼의 행복을 되찾게 된다는 것이 이 연구의 결론이다.

결혼 20주년의 행복 역전을 증명하는 또 다른 연구가 있다. 미국 펜실베이니아 대학교의 사회학자 폴 아마토(Paul Amato) 교수도 결혼 20년차에 행복이 다시 찾아온다고 설명한다. 2천34쌍의 커플을 대상으로 연구한 결과, 결혼 후 10년까지 행복도가 서서히 하강하는 것으로 나타났다. 20년 동안 내내 하강을 경험했다는 부부도 있었다. 그러다 결혼 20주년이 되면 상황이 달라졌다. 결혼 만족도가 높아지기 시작하는 것이다.

20년 된 부부는 신혼 때보다 함께 활동하는 시간이 더 많았다. 다툼도 적었다. 그리고 서로에 대한 깊은 감사의 마음도 생기는 것으로 나타났다. 신혼 때는 뜨겁다. 서로에게 정열적이다. 20년이 지나면 서로의 가치를 깊이 인정하고 감사하게 된다. 어느 쪽이 나을까? 정열과 감사 중 어느 것이 더 큰 행복을 줄까? 감사의 마음이 정열보다 열등하지 않은 것은 분명하다.

결혼의 행복은 사이클을 탄다. 처음에는 아주 행복했다가 행복감이 줄어들어 조금 행복한 상태로 떨어지지만, 20년 후에는 아주 행복한 상태를 향해 그래프가 올라간다. 결혼이라는 대하드라마의 주인공들은 행복에서 출발해 갖은 고생을 하면서 행복을 잃어가다가 20년 후에 행복을 되찾는다. 장장 20년에 걸친 역전의 드라마가 바로 결혼생활이다.

결혼은 즉석복권이 아니다. 결혼과 동시에 평생의 행복을 한꺼번에 탈 수는 없다. 결혼은 20년 만기 저축이다. 이혼하지 않고 만기를 채우면 보상은 연금처럼 평생 지급될 것이다.

20년은 오랜 세월 같지만 금방 지나간다. 당신의 지난 20년이 얼마나 빨리 흘렀는지 되돌아보면 알 수 있다. 그렇다면 이런 사실은 사랑에 빠진 커플에게 어떤 도움을 줄까?

먼저 결혼이 사랑의 무덤은 아니지만 영원한 축제도 아니라는 걸 이해할 수 있다. 사랑이 뜨거운 신혼은 짧다. 24개월이면 식어버린다. 육아와 가사노동과 직장생활에 시달리고 가끔 싸우다보면 결혼의 행복도는 급강하할 수밖에 없다. 이 사실을 기억하자. 욕심을 버리고 결혼하는 것이 현명하다.

다음으로 신혼 2년을 아주 소중히 보내야 한다는 결론에 이를 수도 있다. 신혼의 행복은 영원하지 않다. 길지 않아서 신혼이 더 행복할 수 있다. 그 24개월을 알뜰히, 그리고 하루하루 보석처럼 아껴가며 보내기로 마음먹어야 한다.

끝으로 노년에 대한 두려움에서 벗어날 수 있다. 결혼 후 크고 작은 행불행을 경험하면서 20년 정도의 세월을 보내면 새로운 행복이 찾아온다. '새로운 신혼'이라고 부르기도 하는 이 행복은 나이 많은 사람들만이 누릴 수 있다. 젊은 부부만 행복한 게 아니다. 늙어도 또 다른 행복을 얻을 수 있으니 서러워할 필요가 없다.

우정 같은 사랑은 배신하지 않는다

♥

  결혼하면 행복하다. 그러나 뜨거운 기간은 오래가지 못한다. 허니문 이펙트(honeymoon effect), 즉 '신혼 효과' 후에는 결혼의 만족도가 점점 줄어든다. 결혼하면 사랑은 시들고 마는 것일까? 아니다. 사랑은 지속 가능하며 결혼생활의 만족감도 충분히 유지할 수 있다. 중요한 것은 상대를 '가장 좋은 친구(best friend)'로 여기느냐 여부다.

  캐나다 브리티시컬럼비아 대학교의 존 F. 헬리웰(John F. Helliwell) 교수는 2014년 UN에서 발표한 「세계 행복 보고서(World Happiness Report)」를 통해 부부 사이에서 우정이 아주 중요하다고 지적했다. 서로를 베스트프렌드로 생각하는 부부는 결혼의 행복을 오랫동안 느꼈다는 설명이다. 수치화해보니 반려자를 베스트프렌드라고 생각하는 경우 결혼 만족도가 두 배까지 높은 것으로 나타났다.

부부 사이의 우정은 중년에 가장 큰 역할을 한다. 중년에 이르면 직업의 위기를 맞고 가족 부양 문제 등으로 스트레스도 높아진다. 서로 최고의 친구라고 생각하는 부부는 이런 스트레스나 위기를 잘 극복해나간다.

연애라고 해서 다를 게 없다. 연애의 뜨거움은 영원히 지속되는 것이 아니다. 몇 년 안에 식어버린다. 사랑의 열정이 사라진 상황에 어떻게 하면 좋은 애인이 될 수 있을까? 역시 답은 '베프'가 되는 것이다. 애인이자 베스트프렌드라면 그보다 더 좋을 수는 없을 것이다. 그럼 어떻게 해야 애인과 베프가 될 수 있을까? 많은 조언과 논리가 있지만 가장 일반적인 네 가지 기준을 소개한다.

🏵 조건 1. 편들어주기

베스트프렌드의 조건으로 제일 중요한 것은 편들어주기다. 비판은 최소화하고 응원하는 것이다. 나쁜 친구는 괜히 비판하고 트집을 잡는다. 상대방이 무엇을 잘못했는지 다음과 같이 날카롭게 분석하고 지적한다.

- "너 왜 그랬어? 네가 틀렸어."
- "네 생각은 완전한 착각이야."
- "그 사람에게 사과해. 네가 실수한 거야."

베프는 이런 말을 하지 않는다. 비난하고 공격하면 두 사람은 베프가 될 수 없다. 대신 다음과 같이 응원하고 편을 들어줘야 베프다.

- "괜찮아. 네 잘못 아냐."
- "네 생각이 틀리지 않았어."
- "용기를 내. 그 사람도 잘못이 있어."

🪁 조건 2. 포용하기

베스트프렌드의 두 번째 조건은 단점도 포용하는 것이다. 친구는 성격이 좋거나 능력이 뛰어나서 날 좋아하는 게 아니다. 내가 용기를 잃고 좌절한다고 훌쩍 떠나버린다면 그는 처음부터 친구가 아니었다. 친구는 나의 모든 한계와 단점을 이해해준다. 베프 같은 남편과 아내도 마찬가지다. 배우자의 단점을 지적하고 비난하지 않는다. 베프 같은 애인도 나의 결점을 따뜻하게 안아줄 것이다. 그리고 이렇게 말할 것이다. "요즘 배가 많이 나왔네요. 당신의 뱃살마저도 사랑해요."

✤ 조건 3. 감정 공유하기

베스트프렌드의 세 번째 조건은 상대의 감정을 살피고 공유하는 것이다. 나쁜 친구는 상대의 감정 따위에 관심이 없다. 슬픈지 기쁜지 아니면 혼란을 겪고 있는지 신경 쓰지 않는다. 반면 베프는 아이를 염려하는 엄마처럼 친구의 마음을 항상 살피고 감정을 함께 나누려고 한다. 친구가 슬프면 위로하고 기쁘면 행복하고 혼란스러워하면 함께 혼돈을 겪어준다. 나의 감정 상태에 늘 관심이 많고 공유하려고 애쓴다면 내 애인은 세상에 둘도 없는 베프다. 내 감정에 민감한 애인이라면 아마 이렇게 말할 것이다. "기분이 가라앉았구나. 누가 감히 그렇게 만들었어?"

✤ 조건 4. 경청하기

마지막으로 친구의 말을 들어줘야 베스트프렌드다. 나쁜 친구는 자기 말만 한다. 상대가 말하는 것을 싫어한다. 자신은 계속 말하고 상대가 듣기만 고집하는 친구는 나쁜 친구다. 좋은 친구는 입은 물론 귀도 열려 있다. 친구의 길고 긴 이야기를 인내하며 들어준다. 이야기를 털어놓은 친구는 마음이 가볍고 시원해질 것이다. 베프가 경청해준 덕분이다. 베스트프렌드 연인이라면 이렇게 말할 것이다. "이젠 기운 나? 나도 기뻐. 이야기 남았으면 더 들어줄게."

베스트프렌드는 인생의 큰 기쁨이다. 베프 같은 애인은 더 큰 기쁨이다. 서로가 베프인 남편과 아내도 사랑이 주는 선물이다. 때로는 힘들고 아프지만 사랑은 분명 해볼 만한 가치가 있다.

지루한 사랑

♥

아주 피곤한 하루였다. 오늘도 스트레스가 쌓였다. 부당한 대우와 좌절감과 불안감을 참아가며 견딘 끝에 드디어 하루를 무사히 마쳤다. 이제 애인을 만날 시간이다. 다음의 두 사람 중 한 명을 택할 수 있다면, 어느 쪽이 나을까?

(1) 나의 애인은 매력적인 사람이다. 만난 지 얼마 되지 않은 새로운 사람이다. 호기심이 일고, 그 사람의 작은 행동에도 기쁨이 느껴진다. 그 사람이 소중한 만큼 나는 조심해야 한다. 주의 깊게 행동하고 상대의 마음을 읽어야 한다. 그러지 않으면 이 유리그릇 같은 사랑을 깨뜨릴 수도 있으니까. 롤러코스터 같은 연애다.

(2) 나의 애인은 아주 익숙하다. 흥분과 호기심을 일으키지 않는 오래된 관계다. 그 사람의 작은 말이나 행동이 나를 짜릿하게 만들지는 못한다. 그러나 그 사람은 안전하고 편안하다. 잘 보이려 눈치를 살피고 애쓸 필요 없다. 우리의 관계가 깨질 가능성은 없다. 푹신한 소파 같은 사랑이다.

하루의 전투를 끝내고 녹초가 된 사람이 만나러 가고 싶은 사람은 어느 쪽일까? (2)일 가능성이 높지 않을까? 짜릿하고 위태로운 사랑이 아니라 안전하고 편안한 사랑을 원하지 않을까? 일과시간 동안 에너지를 소진했는데 롤러코스터가 필요할까, 아니면 편안한 소파가 필요할까?

미국 작가 홀리 리오댄(Holly Riordan)은 이렇게 단언한다.

"지루한 사랑이 최고의 사랑이다. 지루한 사랑을 한다면 당신은 눈물을 흘리며 새벽 두 시까지 깨어 있지 않을 것이고, 전화에 대고 소리를 지르지 않을 것이며, 문을 쾅 닫을 일도 없을 것이다.

지루한 사랑이 최고의 사랑이다. 서로에게 편안하기 때문이다. 뭐라고 말해야 할지, 어떤 문자를 써야 할지, 고민하는 고통을 겪지 않아도 된다. 또 당신의 차림새에 대해 그 혹은 그녀가 어떻게 생각할지 노심초사할 필요도 없다.

지루한 사랑이 최고의 사랑이다. 상대가 하는 말이나 행동을 분석하느라 시간과 에너지를 낭비할 이유도 없다. 문제와 갈등을 건강한 방식으로 해결할 수 있다."

오래된 연인은 긴장감을 느끼지는 못하지만 평화와 안식을 서로에게 선물할 수 있다. 오래된 사랑을 지루하다거나 식어버렸다고 평가할 수도 있겠지만 '성숙하다'고 말할 수도 있다. 현명하며 여유 넘치는 중년에 비교할 수 있을 것이다.

사랑이 식었다고 슬퍼할 아무런 이유가 없다. 모든 사랑은 식는다. 사랑이 평생 뜨겁다면 그만큼 피곤한 일이 없을 것이다. 눈치를 살피는 긴장 상태나 폭발을 거듭하는 감정 기복은 건강을 해친다. 영원히 뜨겁고 아슬아슬한 사랑은 오히려 비정상이다. 평생 동안 이십대의 불완전한 에너지를 품고 살아야 한다면 그것은 축복이 아니라 저주일 수도 있다.

사랑이 지루해지는 걸 방치하자는 것이 아니다. 개선의 노력은 필요하다. 다만 지루한 사랑의 이점 혹은 장점도 있다는 사실을 기억해야 한다는 말이다. 설렘이 줄어들면 평화와 안식이 찾아온다.

물론 반드시 오래되고 안정적인 사랑을 택해야 하는 것은 아니다. 사랑은 개인의 자유다. 누가 뭐라고 하든 자신이 원하는 것을 선택할 수 있다. 반대 조언도 가능하다. 다음은 미국의 러브어드바이스닷컴(loveadvice.com)에서 '트레이시 박사'의 연애상담을 조금 수정한 것이다. 트레이시 박사는 중립적인 자세를 취한다.

> 트레이시 박사님께
>
> 그녀와 5년 동안 사귀었어요. 예쁘고 따뜻한 여자입니다. 행복했습니다. 가족들과 서로 인사했고 결혼하려고 계획도 세웠습니다. 더 바랄 것 없는 연애를 하고 있다고 친구들이 부러워합니다. 그런데 얼마 전 모임에서 한 여성을 만났습니다. 나이도 어리고 적극적이고 매력적입니다. 그녀와 몇 번 데이트를 했는데 사랑에 빠진 기분입니다. 그녀는 자기 연락처를 지우라고 합니다. 현재 애인을 포기하기 어렵다고 했더니, 두 번 다시 연락하지 말라는 겁니다. 고통스럽습니다.

어느 쪽을 선택해야 할까요?

고통받는 남자분께

당신은 아마도 새로운 여성에게서 육체적인 매력을 느꼈을 것입니다. 그런데 인생의 좋은 파트너가 되기 위해서는 더 많은 것이 필요합니다. 신뢰와 안정과 편안함 등을 줄 수 있어야 좋은 아내 혹은 남편이 될 수 있는 것이죠. 그렇다고 현재 애인과의 결혼을 계획대로 밀고나가라는 말은 아닙니다. 당신의 마음이 흔들렸다면 결혼계획을 멈추고 시간을 가져야 합니다. 선택을 하려면 확신이 필요합니다. 확신이 생길 때까지 기다리고 고민해야 하는 것입니다. 가끔은 아무런 결정을 하지 않는 것이 최선의 결정일 수 있습니다. 시간이 말해줄 것입니다.

오래되고 지루한 사랑과 새롭고 짜릿한 사랑 중에서 어느쪽을 택해야 할까? 쉽지 않은 문제다. 사랑을 경험하는 사람들이 대부분 겪는 갈등이다. 일견 오래된 사랑이 불리해 보인다. 새로운 사랑이 훨씬 유혹적이기 때문이다.

그러나 새로운 사랑도 언제까지나 강자일 수는 없다. 세

월은 어김없이 흐를 것이고, 그 새로운 사랑도 오래되고 낡은 사랑이 될 것이기 때문이다. 그러니까 엄밀히 말하자면 '지금 낡은 사랑'과 '조금 있으면 낡을 사랑' 중 하나를 택해야 하는 것이다. 결국 새로운 연인도 곧 오래된 연인이 될 거라는 걸 알고 선택하는 것이 현명하다.

chapter 4

불타오른 사랑 : 열정과 애착

사랑은 우리에게 기쁨을 준다. 상대를 껴안고 입 맞추는 행위는 사랑의 선물이다. 사랑은 우리에게 힘도 준다. 사랑을 하면 스트레스에 대한 면역력이 커져 이 거친 세상을 더 잘 버틸 수 있다. 사랑이 주는 기쁨과 선물은 그 수를 헤아리기 어려울 정도다. 마음껏 즐기면 사랑이 더욱 깊어진다. 서로의 마음을 살피고 적절한 타이밍을 선택해 상호작용해야 좋다. 상대에게 행복을 주고 나에 대한 확신을 높일 수 있도록 의식적으로 애쓰면 사랑이 더욱 튼튼해질 것이다.

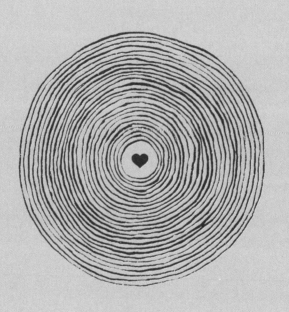

마음을 다한 키스를 나눈다는 건

♥

사랑에 빠지면 숨기기 어렵다. 아무리 감추려고 해도 사랑의 감정이 몸으로 표현되기 때문이다. 미국 심리학자 윌리엄 케인(William Cane)이 저서 『The Art of Kissing』에서 설명한 바에 따르면, 남자는 턱 근육이 반응한다. 사랑하는 여인을 앞에 두고 있으면 남자의 아래쪽 턱 근육이 흥분되어 떨린다고 한다. 여성을 만난 자리에서 입이 약간 벌어지고 아래턱이 미세하게 경련을 일으킨다면 이미 사랑하고 있다는 증거다.

여자는 얼굴색이 변한다. 사랑하는 이를 보면 즉시 얼굴이 창백해진다고 한다. 그 남자가 다가오면 안색이 또 변한다. 약간 붉은색을 띤다. 한 남자 앞에서 자신도 모르게 볼이 살짝 달아오르면 그것은 사랑이다. 사랑하는 사람들은 볼이 가까워지면 어쩔 수 없이 신체적으로 반응하게 되어 있다. 그래서 사랑과 기침은 감출 방법이 없다고 하는 것이다.

사랑이 깊어지면 몸이 더 극적으로 움직인다. 드라마나 영화에서 남녀가 뜨겁게 사랑하게 되었다고 하자. 둘은 뭘 할까? 여지없이 키스를 한다. 한국이나 미국이나 프랑스 영화나 다 마찬가지다. 현실에서도 같다. 연인은 절대 다수가 키스를 한다. 사랑의 감정이 키스를 부른다. 키스는 로맨틱하고 아름다운 사랑의 증거다.

키스는 아주 강렬해서 선명한 기억을 남긴다. 미국의 과학 저자 쉐릴 커션바움(Sheril Kirshenbaum)이 저서 『The Science of Kissing』에서 밝힌 바에 따르면, 특히 첫 키스의 기억은 영원에 가깝다. 대부분의 사람들이 날카로운 첫 키스의 상세한 상황을 90%까지 세밀하게 기억하고 있다고 한다. 동영상으로 촬영한 듯 머릿속에 당시의 정서와 상황이 기록된다. 놀라운 일이다. 세월이 아무리 지나도 키스의 추억은 지워지지 않는다.

왜 키스를 할까? 사랑하기 때문이라고 말할 수 있지만 그 반대도 성립한다. 키스가 사랑을 키울 수도 있는 것이다. 키스는 신경전달물질인 세로토닌의 분비를 촉진시킨다. 세로토닌이 늘어나면 상대에 대한 생각에 중독된다. 그 또는 그녀 생각이 머릿속에 떠오르는 것을 막을 길이 없어진다. 키스는 행복감을 높이는 도파민도 증가시킨다. 키스를 하고 나면 연인만 생각하게 되고 행복감도 느끼게 된다. 키스가 사랑의 행복을 더욱 깊고 크게 만든다는 말이다.

사랑을 하면 키스를 즐길 수 있다. 키스야말로 사랑의 기쁨을 즐기는 가장 좋은 방법이다. 입술, 이마, 볼, 손등 등에 입술을 가져다 대는 키스는 누구에게나 큰 행복을 준다. 키스의 쾌감과 희열을 즐기는 것은 인간의 권리다.

불행히도 모든 키스가 좋은 키스는 아니다. 캐나다 뉴브런즈윅 대학교의 심리학 교수 루시아 오설리반(Lucia O'Sullivan) 등이 695명의 성인을 대상으로 조사를 진행해 좋고 나쁜 키스를 가려낸 적이 있다. 최고의 키스 조건으로는 정열(35%), 사랑의 감정(23%), 서프라이즈(33%) 등이 꼽혔다. 키스의 기술(12%)을 꼽은 비율은 낮았다. 키스할 때 입술 압력을 어느 정도로 하고 움직임을 어떻게 해야 하는지 키스의 기술을 궁리하는 사람들이 적지 않지만 실제로 기술은 중요하지 않다.

최고의 키스가 되기 위해서는 마음을 자극해야 한다. 뜨거운 정열이 느껴지면 상대는 그 키스를 최고의 것으로 여긴다.

뜨겁지 않더라도 사랑의 마음이 실려 있다면 그 키스도 감동을 준다. 또한 기대하지 못했는데 깜짝 선물을 받는 것 같은 서프라이즈 키스도 짜릿한 자극을 준다. 이 조사에 응답했던 한 사람은 좋은 키스의 경험을 이렇게 표현했다. "로맨틱했고 향기로웠고 모든 것이 녹아내렸어요."

좋은 키스가 있다면 나쁜 키스도 존재한다. 입 냄새, 과다하게 분비된 침, 치아 부딪힘 등이 키스를 최악으로 만든다고 꼽은 비율이 52%다. 또 열정이 없는 키스(25%)나 하고 싶지 않았던 키스(9%)도 최악으로 꼽힌다. 답변자 중 일부는 최악의 키스를 회상하면서 이렇게 말했다. "내 얼굴을 먹으려는 것 같았어요." "친척과 키스하는 느낌이었어요."

뭐 이렇게 까다롭고 조심할 게 많나 싶을 것이다. 키스는 사랑의 표현이니 자연스럽게 즐기면 되는 것 아니냐고 반론을 펼 수 있다. 맞다. 자유롭고 편하게 키스하면 된다. 단, 두 가지만 신경 쓰면 좋은 키스가 될 수 있다. 입 냄새가 나지 않도록 하고, 뜨거운 마음을 갖고 키스하면 그것으로 충분하다.

키스에는 맛이 있다. 흔히들 키스는 달콤하다고 한다. 착각이거나 단순한 비유일까? 아니다. 키스를 하는 동안 혀는 달콤한 맛의 신호를 뇌에 보낸다. 사랑의 힘 때문이다. 사랑의 감정을 느끼면 미각은 쓴맛마저도 달게 느끼는데, 키스 또한 달달한 맛을 느끼는 행위로 인식된다.

심리학자 카이 퀸 챈(Kai Qin Chan) 등이 네덜란드의 네이메헌 라드바우드 대학교에서 '사랑의 맛'을 연구한 적 있다. 대학생들을 두 팀으로 나누어 A팀은 행복했던 사랑에 대해 글을 쓰도록 했고, B팀은 질투의 경험을 기술하도록 했다. 그 다음 신맛이 나는 사탕과 쓴 초콜릿을 먹게 했다. 당연히 시거나 쓰다고 말해야 정상이다. 그런데 A팀에서 기이한 일이 벌어졌다. 사탕과 초콜릿의 맛이 달다고 답했다. 신 것도 달고 쓴 것도 달다는 것이었다. 질투에 대해 글을 쓴 B팀의 대학생들은 그런 이상반응을 보이지 않았다.

시고 쓴 것을 먹고도 달다고 답한 대학생들은 왜 그랬을까? 연구자들은 사랑에 대해 생각했기 때문이라고 설명한다. 사랑의 경험에 대한 글을 쓰면서 행복했던 순간을 떠올리자 대학생들의 입 안에서 대혼란이 일어난다. 미각 기능이 이상해진다. 신맛도 달콤하게 느끼고 쓴맛도 달달하게 느낀다. 어디 사탕이나 초콜릿만 그럴까. 사랑의 감정을 느낀 남녀는 타액도 달콤하게 느낄 것이다. 혀가 모든 걸 달게 느끼니까 키스의 맛도 달콤할 수밖에 없다. 키스는 비유만이 아니라 실제로 꿀처럼 달콤하다.

달달한 키스는 건강에도 유익하다. 키스 시간이 15분에 이르면 스트레스 호르몬이 현격히 낮아졌다는 연구 결과가 발표된 적 있다. 또 26쌍의 부부에게 6주간 자주 키스하도록 한 뒤 혈액검사를 시행해보니 콜레스테롤 수치가 낮아지고 스트레스도 줄어든 것으로 확인됐다.

몸에 좋은 약은 쓰다고 하지만 키스는 몸에도 좋고 달콤하다. 두 사람의 행복감도 높인다. 사랑도 한층 더 뜨겁게 만들 것이다. 완벽한 사랑의 묘약이다. 그런데 이 좋은 키스에 함정이 있다. 입술을 부비는 동안 키스는 남녀를 하나로 만드는 동시에 둘로 갈라놓는다. 키스하는 남녀의 목적이 전혀 다르다. 이 중요한 사실을 대부분의 청춘남녀들은 사전에 알지 못한다.

먼저 키스의 일체감에 대해 알아보자. 영화나 대중음악에서 키스는 완전한 사랑을 증명하는 의식처럼 묘사된다. 예를 들어 이런 종류의 표현들이 등장한다. "당신이 키스한 것은 내 입술이 아니라 영혼이에요." 키스가 사랑을 완성하고 두 영혼을 하나로 만드는 것처럼 표현된다. 그러나 사실이면서 사실이 아니다. 키스는 일체감과 함께 분열도 일으킨다. 키스할 때 남녀는 다른 생각을 품고 있다. 키스하는 이유부터가 다르다.

미국 올브라이트 대학교의 심리학자 수잔 휴즈(Susan Hughes)에 따르면, 여자가 키스를 하는 이유는 두 가지다. 첫 번째는 남자의 사랑을 측정하고 싶어서이고, 두 번째는 애인과 친밀감을 만들기 위해서다. 키스를 통해 여자는 남자가 자신을 얼마나 소중하게 생각하는지 확인한다. 그리고 키스가 만드는 애인과의 일체감에 큰 만족을 느낀다.

남자는 다르다. 키스는 그 자체로 목적이 아니라 수단이다. 성적인 희열이 목적이며, 키스는 그 목적으로 가는 통로거나 징검다리다. 남자에게는 키스를 하는 동안 받는 느낌은 중요하지 않다. 상대방 여자가 '좋은 키스'를 못한다고 해서 떠나지 않는다. 다음 단계로 뛰어 넘어가면 되기 때문이다.

여자는 키스 자체가 중요하다. 그리고 키스하며 얻는 느낌에 큰 의미를 부여한다. 키스를 통해 사랑과 일체감을 느끼고 싶어 하는데 이런 느낌을 못 주는 남자는 '나쁜 키스'를 하는 것이며, 이는 무거운 잘못에 해당하므로 버림받을 수 있다. 때문에 남자는 좋은 키스를 하도록 노력해야 한다. 앞서 말했듯이 '뜨거운 마음'이 좋은 키스의 가장 중요한 요소다.

키스하는 순간 남녀는 서로 다른 목적을 갖는다. 키스의 가치도 남녀에 따라 다르다. 여자가 키스를 더 의미 있는 행위로 여긴다. 키스는 부조화의 행위이기도 한 것이다.

만지다 느끼다 그러므로 원한다

♥

터치(touch), 즉 만지기는 신비한 힘을 갖고 있다. 기분을 좋게 만들고 행복감을 선물하는 게 사랑하는 사람 사이에 이루어지는 터치라는 건 누구나 알고 있는 사실이다. 그런데 터치의 힘은 그 이상이다. 생명력도 높인다. 죽음에 맞서는 능력을 주는 것이다.

미국 마이애미 의과대학 교수이자 소아과 의사인 티파니 필드(Tiffany Field)의 연구 결과가 유명하다. 필드 박사는 예정보다 일찍 태어난 조산아들을 대상으로 연구를 진행했다. 한쪽 그룹의 아기들에게는 일반적인 치료를 하고, 다른 그룹의 아기들에게는 일반적 치료에 '만져주기'를 추가했다. 5~10일 동안 15분씩 터치 요법을 시행했는데 결과가 놀라웠다. 터치 요법을 받은 아이들이 다른 아이들에 비해 체중이 더 빨리 늘었다. 평균 47% 정도 더 무거웠다는 것이 연구 결과다.

아주 신기한 일이다. 만져주는 것만으로도 아이들은 더욱 건강해졌다. 체중이 늘었다는 건 달리 말하면 생명력이 강해 졌다는 뜻도 된다. 터치가 아이들에게 기운을 불어넣었다. 터 치는 생명이다. 만지는 것만으로도 생명력을 강화할 수 있다.

사랑하는 사람 사이의 터치도 위대한 힘을 발휘한다. 터치 를 주고받으면 두 사람이 하나라는 느낌이 든다. 마음이 가까 워진다. 서로 만지면 연인들은 상대를 나와 별개의 존재가 아 니라 마음을 함께 나누는 친밀한 존재로 느끼게 된다.

손잡고 앉아 있는 연인을 떠올려보자. 또는 손잡고 걷는 아이와 부모의 모습을 상상해보자. 손을 잡으면 두 사람이 하 나가 된다. 세상과 분리된 둘만의 공간이 생겨나는 느낌이다. 외부의 소리와 풍경은 잘 들리지도, 보이지도 않는다. 터치는 둘을 하나로 연결하고 두 사람의 시공간을 만들어내는 신비 한 능력을 갖고 있다.

터치는 스트레스도 줄여준다. 마음이 '릴렉스(relax)'한 상 태, 즉 편안하게 늘어진 상태에 이르게 만든다. 혈압이 낮아 지고 뇌파도 편안한 유형으로 바뀐다는 게 많은 연구의 공통된 설명이다. 나아가 터치는 면역력을 높이고 건강 상태를 좋게 만든다고 하는 연구도 여럿이다. 등산이나 조깅도 좋지만 사랑하는 사람을 만지는 것만으로도 건강 증진 효과를 높일 수 있다. 연인이나 부부뿐 아니라 자녀와 부모에게도 터치는 건강을 선물한다. 다정한 친구 역시 마찬가지일 것이며, 강아지는 더 말할 것도 없을 것이다.

가능하면 사랑하는 상대를 많이 만져야 한다. 매일매일 조금이라도 만지는 것이 마음과 육체에 도움이 된다. 그럼 어떻게 만져야 할까? 손을 마주 잡고 걷기, 팔짱 끼고 걷기, 테이블 아래에서 상대의 발에 자기 발 올리기, 상대에게 기대어 잠들기 등이 가능하다. 가만히 앉아서 껴안거나 손잡는 것도 좋을 것이다. 어깨 위 또는 등에 손을 대는 것도 충분한 효과를 낼 수 있는 터치 방법이라고 한다. 부담스럽지 않고 거창하지 않은 터치여도 충분하다.

서로 떨어져 있어 직접 만질 수 없다면 뇌를 사용한다. 만지는 걸 상상만 해도 행복 효과가 높다. 미국 카네기멜론 대학교 심리학 교수인 브루크 피니(Brooke Feeney)의 흥미로운 연구 결과에 따르면, 연인과의 터치를 상상하는 것만으로 스트레스가 줄어든다. 또 통증이 약해지고 우울했던 마음이 정상으로 회복되는 능력도 커진다. 서로를 응원하는 말보다 터치를 상상하는 것이 더 큰 위로가 된다는 게 피니 교수의 설명이다. 백 마디 말보다 '상상 터치' 한 번이 낫다.

터치는 이렇게 좋은 것이지만, 나라와 문화에 따라 선호도가 조금씩 다르다. 캐나다 심리학자 시드니 주러드(Sidney Jourard)의 유명한 연구 결과에 의하면, 국가별로 차이가 상당히 크다.

연구팀은 카페에서 이야기하는 친구들을 관찰했다. 같은 시간 동안 얼마나 많은 터치를 하는지 분석했는데, 영국인들은 친구끼리 전혀 터치를 하지 않았다. 미국인들은 두 번에 불과했다. 프랑스인의 경우에는 한 시간 동안 무려 110회에 달했다. 그리고 푸에르토리코인은 그 수치가 180회로 껑충 뛴 것이 확인됐다.

영국인들은 서로 만지기를 꺼린다. 말을 주고받는 것만으로 충분하다고 생각하며 상대의 몸을 터치하는 것이 결례라고 판단하는 것일 수 있다. 프랑스나 푸에르토리코 사람들은 다르다. 대화 또는 눈빛 교환과 함께 터치가 따라야 커뮤니케이션이 완성된다고 믿는 것이다. 그들은 터치를 향해 열려 있다.

한국인은 어떨까? 아마 영국인과 비슷한 결과가 나올 것이다. 기껏해야 미국인 정도일 것 같다. 우리는 덜 만진다. 연인뿐 아니라 친구 사이에서도 터치에 인색하거나 겁을 낸다.

미국 작가 게리 채프먼(Gary Chapman)에 따르면, 사랑의 언어는 다섯 가지다. 우리는 다섯 가지 언어를 통해 사랑을 표현하고 사랑을 이해한다. 말하거나 행동하지 않으면 마음이 전달되지 않는다. 다음과 같은 사랑의 언어 사용이 없다면 사랑하지 않는 것과 매한가지다.

- 인정해주는 말
- 함께 시간 보내기
- 선물 주고받기
- 도움을 주는 서비스 행동
- 신체적 터치

"오늘 저녁식사 정말 맛있었어", "당신이 가장 멋있어", "너무 고마워" 등 상대를 인정해주는 따뜻한 말이 사랑을 표현한다. 함께 즐거운 시간을 자주 보낼수록 사랑은 커진다. 또 작은 선물이라도 주고받으면 상대의 사랑을 실감할 수 있다. 설거지를 해주거나 잠자리를 챙겨주는 작은 서비스가 행복한 사랑의 분위기를 만든다.

특히 상대에게 팔을 두르고 손잡고 껴안고 입술을 맞추는 것은 사랑의 필수 행동이다. 신체적 터치가 가장 선명하게 사랑을 표현한다. 뜨거운 마음도 몸이 맞닿을 때 전달된다. Love is touch, 즉 '사랑은 터치'라고 했다. 스트레스를 줄이고 사이를 좋게 만들며 통증도 약화시키는 것이 터치다. 사랑하니까 만지는 것이기도 하지만, 만질 때 사랑을 더욱 키울 수 있다.

사랑을 소중히 여긴다면 매일매일 아낌없이 터치해야 한다. 터치의 행복감이야말로 사랑의 가장 큰 기쁨이다. 우리 몸은 100년도 존재 못하고 사라질 것이니 시간이 많지도 않다.

그의 냄새를 기억하는가

♥

여자는 남자를 꼭 껴안았다. 얼굴이 남자의 셔츠와 맞닿았다. 여자가 말한다. "아~ 냄새 좋다."

누구나 경험할 상황이다. 여자에게 사랑하는 남자의 냄새는 왜 좋을까? 좋다는 건 과학적으로 어떤 뜻일까? 여자는 사랑하는 남자의 냄새를 맡으면 스트레스나 불안 등에서 벗어날 수 있다. 편안해지고 행복해진다. 그래서 남자친구의 냄새가 좋은 것이다.

캐나다 브리티시컬럼비아 대학교의 심리학자 말리스 호퍼(Marlise Hofer)가 96명의 커플을 모집해 아주 기이한 실험을 했다. 연인의 겨드랑이 냄새를 맡게 한 것이다.

연구팀은 치밀하게 준비했다. 남성들에게 깨끗한 티셔츠

를 나눠주고 24시간 동안 입게 했다. 방취제나 향수 등을 사용할 수 없었고, 냄새 없는 비누가 제공됐다. 흡연 또한 금지됐으며 향이 강한 음식도 먹지 않도록 했다.

체취의 대명사는 역시 겨드랑이다. 연구팀은 냄새가 가시지 않게 티셔츠를 얼렸다가 여성들에게 제공했는데, 남자 옷의 겨드랑이 쪽 냄새를 맡게 하는 게 과학자들의 목표였다. 티셔츠를 뒤집어 비닐 백에 넣었고, 겨드랑이 부분이 비닐 백 열리는 쪽으로 향하도록 했다.

이제 여성들이 이 티셔츠의 냄새를 맡는다. 비닐 백이 열리면 스멀스멀 풍기는 그 내음을 코로 만끽(?)한다. 연구팀은 여성들에게 다양한 질문을 던지고 침을 채취해 스트레스 호르몬 수치도 측정했는데, 결과는 놀라웠다. 애인의 티셔츠 냄새를 맡은 여성들은 스트레스를 적게 느끼는 것으로 확인됐다. 남친의 냄새가 스트레스를 날려준 것이다. 또 냄새 맡은 티셔츠가 애인의 것이라고 말해주면 스트레스 해소 효과가 더욱 높아졌다. 애인의 냄새를 맡았다고 확신하게 된 여성의 스트레스 호르몬 수치가 더욱 낮아진 것이다.

뜻밖의 결과다. 인간들이 개 등의 동물에 비해 후각 능력이 떨어지는 것은 사실이지만 스스로 생각하는 것보다는 후각이 크게 발달해 있다. 의식하지 못해도 우리는 사람 냄새를 분석하고 기억한다. 여자들은 냄새로 사랑하는 남자를 알아본다. 그리고 애인의 체취에서 스트레스를 이길 힘을 얻는다.

또 다른 사실이 연구에서 확인됐다. 낯선 남자의 티셔츠 냄새를 맡게 했더니 여성들의 스트레스 호르몬 수치가 높아졌다. 모르는 남자, 즉 친숙하지 않은 남자의 냄새는 긴장과 두려움을 일으켰던 것이다. 인간 여성은 낯선 사람, 특히 낯선 남성을 경계하도록 진화했다는 게 연구팀의 설명이다. 자신과 공동체에 해를 가할 수도 있기 때문에 낯선 남자의 냄새는 경계심과 긴장감을 높인다. 원시시대의 여성들만 그런 것이 아니다. 현대의 여성들도 낯선 남자의 냄새에는 부정적으로 반응했고 높은 스트레스를 느꼈다.

여성만 그런가 했더니 남성도 마찬가지였다. 애인의 체취에서 위안을 얻는 현상은 남성들에게도 역시 나타났다고 보고하는 연구 결과들이 있다. 향수나 샴푸 냄새를 말하는 것이 아니다. 강한 인공적 냄새 저 아래에서 피어오르는 여자친구 본연의 향기를 남자도 느낄 수 있다. 그 향기 혹은 냄새가 남자에게 심리적 안정을 제공하는 것이다.

연인들은 서로 자신이 입었던 옷을 하나씩 선물하고, 이를 갖고 다니면 좋을 것이다. 스트레스 상황에 연인의 냄새를 맡는다. 예컨대 회사에서 짜증이 밀려오면 연인의 셔츠에 얼굴을 묻으면 된다. 그런데 이런 행동은 위험성을 다소 내포한다. 서랍이나 가방에서 셔츠를 꺼내 코에 갖다 대는 모습은 너무나 특이해서, 잘못하면 제정신 아닌 사람으로 보일 위험이 있는 것이다.

보다 현실적인 방법을 찾자. 가능한 한 자주 만나고, 만나면 자주 껴안는 것이 좋다. 자신이 연인의 향기를 느끼며 그것에서 스트레스를 이길 힘을 얻는다는 사실을 인지하면 효과는 더욱 높아진다. 자주 껴안으면 사랑은 더욱 깊어지고 상대의 냄새를 한층 더 좋아하게 될 것이다. 껴안을수록 상대의 향기는 더 좋아지고 더 많이 껴안고 싶어질 것이다. 말하자면 일종의 선순환 구조다.

아기나 어린아이에게도 냄새 효과는 비슷하다는 연구 결과들이 있다. 아이들도 자주 안아주면 엄마나 아빠의 냄새를 기억하고 그것에서 힘을 얻는다.

껴안고 만지고 서로 손을 잡으면 우리의 뇌에서는 옥시토신(oxytocin)이 분비된다. 옥시토신은 별명이 많은데, 그 중 하나가 '사랑의 호르몬'이다. 서로 껴안는 사람들에게 편안하고 행복한 느낌을 선물한다. 옥시토신은 또한 스트레스를 줄이고 혈압을 낮추는 것으로 알려져 있다.

키스하고 껴안는 행위는 편안하다. 두 사람의 친밀감을 높인다. 껴안은 두 사람 사이에 작은 낙원이 만들어져, 스트레스와 불안이 사라진다. 스트레스가 사라진다면 이는 신체적 질환의 치료 효과를 낳을 수도 있다. 이를테면 고혈압과 심장병 환자에게도 당연히 도움을 줄 수 있는 것이다. 이 때문에 많이 껴안을수록 오래 산다는 논리가 성립될 수 있다.

껴안기는 스스로를 섹시하게 느끼도록 만들어주기도 한다. 누군가가 나를 껴안는다는 것은 나를 사랑하고 나를 원한다는 메시지다. 내가 사랑받을 만한 존재라고 자신을 긍정하게 된다. 내가 매력적인 사람이라는 사실을 확인하게 되는 것이다. 껴안는 행위는 자기도 모르게 자신감을 갖게 만든다.

껴안기는 커뮤니케이션이다. 서로를 이해하고 응원한다는 메시지를 전해준다. 말이 아니라 행위로, 소리가 아니라 감촉으로 두 사람의 소통을 촉진시킨다. 토닥거리거나 포옹하거나 뺨을 비비는 것만으로도 커뮤니케이션을 하는 셈이다. 이런 소통이 잦을수록 사랑의 유대감은 더욱 커진다.

사진으로 낫는 병

♥

성질 못된 직장 상사가 나를 불렀다. 곧 야단을 실컷 맞을 것이 분명하다. 스트레스가 끓어오른다. 가슴이 졸아든다. 어찌 해야 할까. 중요한 클라이언트 앞에서 발표를 해야 한다. 잘못되면 큰일이다. 식은땀이 흐른다. 눈앞이 벌써 깜깜해지기 시작한다. 어떡하나.

이렇게 스트레스가 심한 상황이 다가오고 있다면 연인의 얼굴을 떠올려도 좋다. 가족사진을 보는 것도 괜찮고, 좋아하는 걸그룹 혹은 보이그룹의 사진을 지그시 바라보며 심호흡해도 도움이 된다.

사랑하는 이의 얼굴 사진은 예방주사처럼 마음을 튼튼하게 만든다. 잠시 후 직장 상사에게 야단을 맞더라도 평소보다

스트레스 받는 강도가 약해질 가능성이 높아진다. 사랑은 스트레스가 공격해도 더욱 단단히 버틸 수 있도록 힘을 준다.

영국 엑스터 대학교의 심리학자 앵크 칼(Anke Karl) 등이 42명의 성인에게 두 장의 사진을 보여주었다. 먼저 사랑의 감정을 드러내는 사람의 사진을 내놓았다. 그다음 위협적인 분위기를 가진 사람의 사진을 보여주었다. 이를테면 테레사 수녀의 사진과 깡패 사진을 차례로 보여준 셈이다.

겁주는 사진을 보면 뇌는 스트레스 반응을 보이는 것이 정상이다. 공포감과 긴장이 뇌 반응에 나타나야 한다. 그런데 이 실험의 참가자들은 뇌 스캔을 해봐도 이런 스트레스 반응을 보이지 않았다. 험상궂은 표정을 보면서도 스트레스를 받지 않은 건 어떤 이유 때문일까?

연구팀은 사랑의 사진을 먼저 본 덕분이라고 판단한다. 따뜻하고 다정한 표정을 보면 뇌에 갑옷이 씌워진다. 예방주사를 맞는 셈이다. 그래서 겁주는 사진을 봐도 뇌는 끄떡없었다는 말이다. 연구자들은 사랑의 감정은 미래의 공포를 줄이고 스트레스를 낮춘다는 가설을 제시했다. 사랑하는 사람들을 떠올리면 스트레스를 받을 상황도 거뜬히 견뎌낼 힘이 생긴다는 이야기다.

우리는 흔히 이렇게 말한다. "가족을 위해 내가 참는다."

비열하고 거칠더라도 직장을 떠나지 않고 버티는 이유는 대부분 가족 부양을 하기 위해서다. 이를 다르게 말할 수도 있다. 당신이 그 지옥 같은 직장에서 버티는 힘을 가족이 주고 있다는 것이다. 가족, 친구, 연인 등 사랑하는 사람들 덕분에 지독한 스트레스를 견딜 수 있다는 게 과학적인 설명이다.

사랑이 없었다면 당신은 그 회사에서 더 버티지 못했을 것이다. 가족의 사랑이 당신의 뇌에 갑옷을 씌워주지 않았다면 아침에 출근하다가 어디론가 훌쩍 도망갔을지도 모른다. 사랑은 스트레스에서도 우리를 강건하게 만든다.

또 다른 흥미로운 실험을 보자. 미국 버지니아 대학교의 신경과학자 제임스 코앤(James Coan) 등은 여성들을 상대로 전기자극 실험을 했다. 심각한 통증이나 충격을 준 것이 아니라 찌릿찌릿한 수준의 자극이었다. 연구자들은 피실험자가 작은 통증과 가벼운 불안감을 느끼게 만들고 그 정도를 기록했다.

두 번째 단계에서도 똑같은 방법으로 피실험자들에게 전기자극을 주었는데, 조건에 한 가지 변화가 있었다. 사랑하는 사람이 여성의 손을 잡도록 했다. 전기자극의 정도는 동일했지만 피실험자의 느낌은 달랐다. 뇌가 불안감이나 고통을 훨씬 낮게 느낀 것으로 확인됐다.

이 실험 결과를 어떻게 설명할 수 있을까? 변한 것은 단 하나다. 사랑하는 사람의 손길이 더해졌을 뿐인데 고통도 불안도 줄어들었다. 사랑이 고통과 불안을 경감시킨다는 결론을 이끌어낼 수 있다.

미국 콜로라도 대학교 볼더 캠퍼스의 심리학자 파벨 골드스타인(Pavel Goldstein) 등이 22명의 커플을 대상으로 진행한 실험도 비슷한 결과를 보였다. 먼저 여성들의 팔에 심하지 않은 열자극을 주었다. 그 후 남자가 여자의 손을 잡게 했더니 통증이 줄었다고 한다. 사랑하는 사람의 터치는 고통을 덜어준다.

이 실험을 주관한 골드스타인 박사는 연구주제에 관한 자신의 체험을 소개한 적 있다. 아내가 딸을 출산할 때였다. 산고가 아내를 덮쳤다. 아내는 힘들게 고통을 참아냈다. 옆에서 초조하게 지켜보던 그는 '내가 어떻게 해야 하지? 뭘 할 수 있지?'라고 고민하다가 손을 뻗어 아내의 손을 잡았다. 그러자 아내는 조금 편해진 것 같았다고 한다.

MRI 등을 활용해서 뇌를 스캔하지 않아도 납득할 수 있다. 사랑의 고통 경감 효과는 누구나 실생활에서 경험했을 수 있다. 예컨대 아픈 아이의 머리에 손을 얹어주는 엄마의 모습을 상상해보자. 아이는 통증이 줄어들 것이다. 병난 아내의 손을 남편이 잡아주면 아내는 기운이 나게 된다. 스트레스 받는 친구의 어깨를 토닥거리는 손길도 치유 효과를 낸다. 사랑하는 사람의 손길은 고통과 스트레스를 줄여준다. 고통과 스트레스는 사랑 앞에서 그 위세가 약해진다.

사람들은 스마트폰이나 책상 위 액자에 사랑하는 사람의 모습을 담아둔다. 누가 그러라고 가르치지 않았는데도 많은 사람들이 사랑하는 이의 사진을 가까이에 두고 자주 바라본다. 이는 현명한 방법이다. 연인 혹은 가족의 사진은 '스트레스 파괴자'다. 스트레스에 대한 우리의 면역력을 높여준다. 스트레스를 강요하는 이 거친 세상에서 사랑이 당신을 보호하는 방패가 될 것이다.

눈을 바라보다

♥

사랑은 뭘까? 사랑을 어떻게 정의할 수 있을까? 존 레논
(John Lennon)은 "사랑은 터치이고, 터치가 사랑"이라고 했
다. 대중음악 뮤지션들뿐 아니라 많은 문필가들도 사랑을 정
의하려 시도했는데, 『어린 왕자』로 유명한 생텍쥐페리(Saint-
Exupéry)의 경우에는 이렇게 말했다. "사랑이란 서로를 바라
보는 게 아니라, 함께 같은 곳을 보는 것이다."

마주보고 앉아서 서로의 얼굴과 눈을 보는 것이 사랑이
아니란다. 나란히 앉아서 같은 곳을 향해 시선을 던지는 것이
사랑이란다. 전 세계 많은 사람들이 공감하는 문구다. 그런데
사실 생텍쥐페리의 사랑 정의는 부분적으로만 옳다. 남성에
게는 맞지만 여성에게는 오답일 수 있다. 여자에게는 서로 마

주보는 것이 사랑이다. 여성 버전으로 바꾸면 이렇다. "사랑이란 함께 같은 곳을 보는 게 아니라, 서로를 바라보는 거야."

대다수의 여자들은 아이컨택(눈맞춤)을 좋아한다. 눈을 바라보면서 사랑을 느끼는 것이 여성이다. 반면 남자들은 서로의 눈을 잘 보지 않는다. 상대가 아닌 다른 세상을 함께 바라보면서 남자들은 편안함과 사랑을 느낀다.

미국 인류학자 헬렌 피셔의 설명에 따르면, 모든 사람이 친밀함을 원하지만 성별에 따라 친밀해지는 방식이 다르다고 한다.

여자들은 상대의 눈을 보면서 가까워지고 애착을 키운다. 마주 앉아 눈빛을 주고받으면서 희망과 걱정, 그리고 애정을 드러낸다. 피셔 박사는 이런 습관이 수백만 년 전에 형성됐을 것이라고 추정한다. 어린 자식을 앞에 두고 눈을 보며 말을 건네는 엄마의 모습을 떠올리면 될 것이다. 여자는 아기를 달래고 아이와 대화할 때처럼 눈빛을 교환하면서 말하기를 좋아한다. 여자들의 경험으로는 그런 시선 교환 속에서 친밀감이나 사랑이 싹튼다.

남자는 다르다. 마주보는 게 아니라 옆으로 나란히 앉아 친밀감을 키운다. 수풀 속에서 조용히 사냥감이 나타나길 기다리는 원시적 남성들을 상상해보자. 그들은 마주하는 것이 아니라 같은 방향을 내다보고 있다. 나란히 앉아 무엇인가를 함께하는 과정에서 친밀감 혹은 애착이나 애정을 쌓는 건 현대 남성들도 같다. 현대 남성들은 친구와 같이 사냥감을 기다리는 대신 야구를 관람하거나 낚시를 한다. 서로의 눈을 바라보며 대화하지 않는다. 그라운드를 보면서 의견을 주고받는다. 낚싯대의 찌에 시선을 고정한 채로 대화하기도 한다.

남자가 마주 앉는 대상은 사랑하는 이가 아니라 적(敵)이다. 남자는 적의 눈을 노려본다. 눈이 마주친다는 것은 서로 경계하거나 미워한다는 뜻이다. 남자들 사이에 아이컨택이 이뤄지면 이제 곧 싸움이 벌어질지도 모른다. 좋아하는 사람과는 나란히 앉는 것이 대다수 남자들의 습성이다.

어떻게 해야 여자의 환심을 살 수 있을까? 어떻게 하면 여자의 마음을 뜨겁게 달굴 수 있을까? 남자들 대부분이 평생 이런 고민에 운명처럼 휩싸여 산다. 눈을 잘 이용하는 것이 첫 번째다. 요컨대 여자의 눈을 따뜻하게 응시하는 습관을 가져야 하는 것이다.

남자는 본능적으로 눈맞춤을 피하려 한다. 아이컨택을 두려워한다. 적 앞에서 하는 행위라고 생각하기 때문이다. 그러나 사랑을 쟁취하려면 그런 본능적 성향을 억누르고 스스로를 연출해야 한다. 여자의 눈을 자주, 그리고 깊이 바라봐야 하는 것이다. 꼬물거리는 아기가 엄마의 눈을 바라보듯이 말이다. 여자들의 사랑은 눈맞춤에서 시작되니, 외로운 남자들은 아이컨택에 대한 공포감을 기어이 이겨내야 한다.

생텍쥐페리의 말처럼 서로를 바라보지 않고 같은 곳을 볼 때 사랑이 커질 수도 있다. 함께 미래를 꿈꾸고 설계하는 사이라면 그럴 것이다. 그런데 많은 경우 사랑은 여성적인 교감을 통해 이루어진다. 눈을 보고 호흡을 같이하면서 공감도 사랑도 커지는 것이다.

남자가 사랑의 테크니션이 되길 원한다면 아이컨택을 두려워하지 말아야 한다. 여성의 눈을 지그시 바라보는 훈련이 되어 있어야 한다. 아이컨택을 습관화하면 여성적 사랑에 익숙해진다. 포근하고 따뜻한 사랑의 행복을 맛볼 수 있는 것이다.

아이컨택이 꼭 로맨틱한 사랑에만 유용한 것은 아니다. 자녀와의 관계에서도 눈맞춤은 중요하다. 친구와 대화할 때 눈을 맞출 수 있다면 소통의 깊이를 더할 수 있다. 따뜻한 커뮤니케이션 방법인 눈맞춤은 여러모로 유익하다.

소통은 그 무엇으로든

♥

이제는 문자로 데이트하는 시대가 되었다. 느끼하고 닭살 돋는 문자 메시지를 연인에게 보내는 것은 사랑을 키우고 연장하는 가장 좋은 방법이다. 그런데 막상 문자 메시지를 보내려면 아이디어가 떠오르지 않는다. 아무도 가르쳐주지 않는다. 이 중요한 것을 어디서 배울 수가 없다.

연애 전문가를 자처하는 이들이 꼽은 최고의 문자 메시지 수백 개 중에서 30개를 선별해 여기 소개한다. 아주 좋다고 하기는 어렵다. 대단치 않다는 평가도 충분히 가능하다. 하지만 "밥 먹었어?", "잘 자", "진짜 사랑해", "보고 싶어", "조심해서 들어가" 등 뻔하고 지루한 문자보다는 나을 수 있다. 이를 참고로 자신의 진심과 창의성을 담아 변형하면 될 것이다.

- "널 만난 건 내 인생 최고의 사건이야."
- "다른 모든 여자(남자)들이 시시해 보여."
- "내 인생을 사랑하게 됐어. 네 덕분이야."
- "너처럼 귀여운 남자(여자)는 없어."
- "이 우주에서 가장 소중한 사람이 바로 너야."
- "너의 남친(여친)이라는 게 자랑스러워."
- "나는 진정한 사랑을 믿게 됐어."
- "하루 종일 네 생각을 멈출 수가 없네."
- "나 자신보다 너를 훨씬 더 사랑해."
- "너처럼 완벽한 사람을 만날 거라곤 기대 못했어."
- "널 만난 후 나는 매일매일 설레."
- "너 없이 시간 보내는 게 너무 싫어."
- "넌 나의 베스트프렌드야."
- "생일 축하해. 뭐든지 말해. 다 해줄 테니까."
- "아침에 일어나면 웃음이 나. 너를 또 만날 수 있으니까."
- "어제 사랑했던 것보다 오늘 더 사랑할 거야."
- "네가 최고야. 누구도 너와 비교가 안 돼."
- "지난 24시간 8만 6천400초 동안 내내 널 그리워했어."
- "난 운이 좋아. 너 같은 사람을 만났으니."
- "사랑해. 보고 싶어. 견딜 수 없을 만큼."

- "보고 싶어서 못 견디겠어. 5분 후에 만나."
- "날 사랑해줘서 고마워. 널 사랑할 수 있어서 기뻐."
- "점점 싫어지고 있어. 매일 밤 헤어지는 게."
- "이제 눈을 감아도 네가 보여."
- "요즘 내 인생은 완벽해. 네 덕분이야."
- "널 생각하면 가슴이 두근거려. 도와줘."
- "매일 아침 네 옆에서 깨어나고 싶어."
- "꼭 안아주고 싶어. 빨리 와."
- "달아나지 마. 난 너 없이는 살 수 없어."
- "넌 아름다워. 세상에서 가장 아름다워."

완벽한 사랑의 문자 메시지는 없다. 개인의 취향과 상황에 맞는 문자를 주고받아야 한다. 그런데 '사랑을 담은 문자 메시지 작성의 3원칙'은 있다. 진심, 구체성, 과감성이 그것이다.

문자 메시지에는 진심이 담겨야 한다. 거짓은 곧 들통난다. 자신의 마음을 들여다보고 진실한 심정을 문자 메시지로 표현해야 한다. 또 자신의 마음을 구체적으로 묘사하도록 노력해야 한다. "오늘 데이트가 행복했어"보다는 "네가 이런 말을 했던 것이 기억나. 행복했어"라고 하는 게 낫다. 과감함도 필요하다. 혹시 상대가 실망할까 두려워해서는 안 된다. 조심스럽게 문자 메시지를 보내는 단계가 지났다면 자신의 마음을 과감하게 고백할 필요가 있다. 뜨겁고 절실한 내용의 문자 메시지가 상대를 감동시킬 것이다.

연인들이 문자 혹은 카톡 메시지로 대화를 나눌 때 꼭 기억해야 할 게 있다. 문자로 다투지는 말아야 한다. 감정싸움은 직접 만나서 하는 게 훨씬 낫다.

로리 쉐이드(Lori Schade) 외 미국 브리검 대학교 연구자들이 18~25세 남녀 300명을 대상으로 조사를 진행했다. 문자 메시지로 다투는 커플과 직접 만나 얼굴을 보면서 싸우는 커플을 비교했다. 그 결과 문자 대화를 통해 감정싸움을 하는 커플은 관계에 대한 불만이 높은 것으로 나타났다. 불행하다고 답한 비중도 문자 대화 커플이 높았다.

그 이유는 충분히 짐작할 수 있다. 말은 휘발되어 사라지지만 문자는 남는다. 말은 불완전한 기억 속에 흩어지지만 글은 완벽히 보존되어 다시 볼 수 있다. "상처받았어", "화났어", "네가 싫어" 등의 말을 문자로 주고받으면 고스란히 남고 몇 번이고 곱씹어 볼 수 있게 된다. 글이 오래 남는 것처럼 부정적 감정도 오래 기억될 확률이 높아진다.

반면 애정 어린 말들은 문자로 나누면 서로 애착이 더욱 커진다고 한다. "고마워", "좋아해" 등의 문자에는 따뜻한 감정이 표현된다. 말이라면 허공으로 날아가지만 글은 휴대전화에 오랫동안 남는다. 동시에 애정이나 행복감도 함께 저장될 것이다.

한편 연구에서는 흥미로운 결과도 나왔다. 남자가 문자 메시지를 많이 보내면 불안정한 관계이고 여자가 문자 메시지를 자주 보내면 안정적 관계라고 한다. 즉 남자의 문자가 많은 경우에는 아직 굳어진 관계가 아닌 것이다. 실제 대화에서도 비슷하다. 본격적으로 사귀게 되면 남자는 말수가 적고 여자가 말을 많이 하는 것이 보통이다.

연인 사이의 문자 메시지는 관계를 발전시키는 데 많은 도움을 준다. 하지만 좋은 일이 아니면 문자 메시지를 안 보내는 게 낫다. 싸움이나 사과, 그리고 화를 내는 일은 문자가 아니라 대면을 통해 하는 것이 낫다. 의견 차이를 말할 때도 그렇다. 직접 얼굴을 보고 해야 할 것들이 있다. 이야기가 더 잘되고 만족도도 높다. 반대로 사랑의 말이라면 문자 대화든 대면 대화든 아무래도 좋다는 것이다.

고마워

♥

"감사는 마음의 기억이다." 18세기 프랑스 교육자 장 마시웨(Jean Massieu)가 말했다. 감사했던 일은 뇌에 저장되는 게 아니다. 뇌는 곧 잊어버리지만 마음은 잊지 않는다. 감사함은 영원히 마음에 남는다.

미국 언론인 윌리엄 아서 워드(William Arthur Ward)는 또 이렇게 말했다. "신은 오늘 하루 8만 4천600초를 주었다. 당신은 고맙다는 말을 하는 데 몇 초를 썼나?" 신에게서 받은 귀중한 시간을 고맙다고 말하는 데 많이 써야 한다는 조언이다. 고마움을 표현하는 것만큼 값진 건 없다는 뜻이다.

'고맙다'는 상대의 마음에 영원히 저장될 소중한 말이다. 모든 인간관계에서 놀라운 힘을 발휘하는 것이 '고맙다'이다.

엄마 아빠에게 고맙다고 말하면 그분들은 힘든 기억을 순식간에 잊어버린다. 여행지에서 만난 낯선 사람들도 고맙다는 말을 주고받으면서 친구가 된다. 경쟁의 전쟁터나 다름없는 직장에서도 그 한마디가 짧은 휴전을 이끌어낸다. 반대로 이 말을 아끼면 사회생활에서 큰 손해를 볼 수도 있다.

미국 기업가 피터 브레그먼(Peter Bregman)이 〈하버드 비즈니스 리뷰(Harvard Business Review)〉에 실은 글을 보면, 사회생활에서 감사의 표현이 얼마나 중요한 것인지 알 수 있다.

판매회사의 사장인 존은 직원인 톰에게 메일을 보내 최근 회의에서의 발표가 아주 뛰어났다고 칭찬했다. 그런데 톰은 답을 하지 않았다. 얼마 후 승진심사 자리에서 톰에게 사장 존이 물었다. 왜 자신의 메일에 답을 하지 않았느냐고 말이다. 톰은 굳이 그럴 필요를 못 느꼈다고 답했다. 고맙다는 말을 남발하는 게 싫었을 수도 있고, 말하지 않아도 마음이 통할 것이라고 생각했을 수도 있다. 이유가 무엇이건 실수였다.

결국 톰은 승진하지 못했다. 고맙다고만 했어도 그는 승진했을 것이다. 존은 왜 그를 승진시키지 않았을까? 자신의 칭찬에 반응하지 않은 것이 괘씸해서일까? 감히 사장님의 메일을 무시한 게 건방졌다고 생각했기 때문일까?

사장 존이 톰을 승진시키지 않은 건 톰이 '고맙다'는 말의 가치를 모르는 사람이었기 때문이다. 이 짧은 한마디는 말하는 사람과 듣는 사람을 하나로 만드는 말이다. 이를테면 사이가 나빠 멀리하던 직장 동료 사이라도 "도움을 줘서 정말 고맙다"는 말을 주고받으면 새롭게 가까워질 수 있다. 심리적 거리감이 사라지고 동료의식을 느끼게 되기 때문이다.

고맙다는 말은 마음의 장벽을 무너뜨리는 힘을 갖고 있다. 서로를 경계하면서 쌓아 올린 담장이 고맙다는 말 한마디에 우르르 무너져 내린다. 장벽이 무너지면 벽으로 나뉘었던 두 공간이 하나가 되고, 경계하던 두 사람도 가까운 친구가 될 수 있다.

사람과 사람을 하나로 잇는 능력은 세일즈에서 아주 중요하다. 고맙다는 말이 사람 사이의 장벽을 허물고 거리를 좁힌다. 복잡한 이해관계를 조정하면서 신뢰를 쌓아야 하는 비즈니스 세계에서 '고맙다'는 최상의 전략이다. 고맙다는 인사를 빠뜨린 톰은 이런 전략 무기를 알지 못했다. 그러니 세일즈의 책임자가 되기에 톰은 부적합하다고 판단한 사장 존의 결정이 옳았다고 할 수 있을 것이다.

비즈니스가 아니라 사랑이라면 어떨까? 사랑하는 사람 사이에서도 고맙다는 말이 큰 효과를 낼 수 있을까? 연인들은 친밀하니까 굳이 감사를 표현할 필요가 없을 거라고 생각하기 쉽다. 말하지 않아도 고마운 마음이 텔레파시처럼 전달될 것이라고 믿는 연인들도 많다. 또 친한 사이라서 외려 고맙다는 말을 하는 게 어색할 수도 있다. 하지만 고맙다는 말은 사랑하는 연인들에게도 아주 중요하다.

미국의 심리학자이자 신경과학자인 새라 앨고어(Sara Algoe) 교수는 캘리포니아 대학교 그레이터 굿 사이언스 센터(GGSC)에서 77쌍의 커플을 모아놓고 실험을 진행했다. 커플이 서로 "고마워(Thank you)"라는 말을 주고받은 후에 이들의 타액을 분석한 것이다. 그 결과 참가자들이 훨씬 행복하고 편안한 마음 상태가 되었다는 사실을 확인할 수 있었다.

실험에서 고맙다는 말 이외에도 연인을 행복하게 만든 것들이 많았다. 즐거웠던 과거를 떠올려도 행복감이 높아지는 것으로 나타났다. 예컨대 첫 데이트에 대한 기억을 떠올리면서 이야기를 나누거나 연인과 함께 여행한 추억의 사진을 보면 행복해진다.

칭찬도 연인을 행복하게 만들었다. 서로의 장점을 구체적으로 칭찬하면 상대는 힘을 얻는다. 어떤 행동이나 말을 칭찬하면 상대의 행복감이 빠르게 상승하고 그 언행을 반복할 가능성도 높아진다. 이렇듯 칭찬은 사랑의 묘약이다.

재미있는 사실은 추억이나 칭찬보다 한층 더 높은 행복 효과를 주는 게 감사라는 점이다. 앨고어 교수의 실험에서도 고맙다는 말의 행복 효과가 단연 높은 것으로 조사되었다. 연인에게 감사 표현을 주고받도록 하고 타액을 분석하니, 옥시토신 호르몬의 분비가 늘어난 것이 확인되었다. 옥시토신이 늘면 행복감이 높아지고 유대감도 상승한다. 연인의 기분을 좋게 만들고 행복을 선물하고 싶다면, 즐거웠던 과거를 추억하거나 서로의 장점을 칭찬하는 것도 좋지만 감사 표현이 더 효과적이라는 게 이 실험의 결론이다.

여기서 유대감에 주목할 필요가 있다. 고맙다는 말을 하면 친밀해진다는 뜻이다. 감사 표현을 하면 서로 가깝고 소중한 존재로 여기게 된다. 연인만 그런 게 아니다. 부모와 자식의 관계에서도 그렇고 냉정한 비즈니스 세계에서도 감사 표현은 유대감을 낳는다. 달리 말하면 내 편을 만드는 좋은 방법인 것이다.

때론 고맙다는 말이 입 안에만 맴돌면서 막상 입이 잘 떨어지지 않을 때가 있다. 특히 가까워진 연인이나 익숙해진 부부는 고맙다는 말을 잘 꺼내지 못한다. 낯간지럽기 때문이다. 하지만 그 정도의 쑥스러움이나 익숙지 않다는 이유만으로 고맙다는 말을 쓰지 않기에는 너무 아깝다.

맛있는 음식을 나눠 먹거나 선물을 해도 상대를 행복하게 할 수 있다. 따뜻한 말과 사려 깊은 행동을 칭찬하면 상대의 기분이 두둥실 떠오른다. 하지만 누가 뭐래도 고맙다는 표현이야말로 손쉽게 쓸 수 있는 가장 강력한 행복 증진제다. 8만 4천600초 중에 1초만 쓰면 "고마워"라고 할 수 있다. 얼마나 간단하고 쉬운 말인가. 아무것도 아닌데 상대는 물론 나까지 행복하게 만드는 말이다. 가심비(價心比)가 이처럼 높은 말도 없다.

특히 연인 사이라면 고맙다고 자주 말할수록 좋다. 연애는 행복해지려고 하는 것이다. 피곤하고 불행하면 그 사랑은 곧 깨지고 만다. 상대를 행복하게 만들려고 이벤트를 준비하고 선물을 사고 시간을 쏟지만, 정작 상대의 행복을 유발하는 가장 간단한 무기는 고맙다는 말을 들려주는 일이다. 사랑의 크기를 키우고 사랑의 깊이를 더할 묘약 같은 한마디가 바로 "고마워"다.

처음제만큼 강력한 밀당

♥

매혹적인 사람이 되기 위해서는 불확실성을 높여야 한다. 자신에게 호감이 있는지 없는지, 좋다는 건지 아닌지 상대가 확신할 수 없도록 만들어야 한다. 간단히 말해, 애매하게 보이는 게 좋다는 의미다.

다니엘 T. 길버트(Daniel T. Gilbert) 외 미국 하버드 대학교 연구자들이 47명의 여자 대학생들을 대상으로 연구를 진행했다. 그 결과에 따르면 여자의 마음은 불확실성에 끌린다.

여자들은 자신을 조금 좋아하는 사람을 조금 좋아하고, 자기를 많이 좋아하는 사람은 더 좋아한다. 그런데 자신을 좋아하는지 아닌지 불명확한 사람에 대한 관심이 더욱 높다. 그 남자가 궁금하고 신경 쓰인다. 자꾸 생각나고 말도 걸어보고 싫어진다.

남자들도 불확실성에 끌린다는 연구 결과가 많다. 남자나 여자나 헌신적인 상대를 헌신짝처럼 가볍게 여기는 경향이 있다. 상대가 나에게 헌신적이라면 당연히 감사해야 할 것 같지만, 실제로는 인간 마음이 간사하다. 착하고 헌신적인 사람을 만만한 사람 혹은 쉬운 상대로 여기는 경향이 있는 것이다. 착한 여자를 그렇게 대하는 남자들은 애매한 태도를 취하는 불확실한 여성에게 더욱 이끌린다.

불확실성을 높여야 한다는 말은 결국 '밀당'이라는 것을 잘해야 연애를 잘할 수 있다는 말이다. 그러나 밀당은 연애 성공의 보증수표가 아니라 도박이다. 밀당에 성공하면 사랑을 얻지만 실패하면 다 된 사랑도 놓치게 된다. 자칫 잘못하면 자폭이 될 수 있다. 자신에게 관심 있는 사람을 저 멀리로 밀어버리는 실수를 저지를 수 있는 것이다. 그래서 사랑을 할 때 밀당보다는 솔직하게 자기 마음을 표현하는 것이 안전하다고 강조하는 연애 이론가들도 적지 않다.

까다롭게 보이도록 밀당을 하거나, 만만하게 보여도 밀당을 포기하거나, 둘 중 하나의 길을 택해야 하는 걸까? 제3의 길이 있다. 이른바 '저강도 밀당', 즉 강도가 낮은 은근한 밀당이 가능하다. 이 작전은 입만 움직여도 실행 가능하다. 연애 전문가들이 말하는 몇 가지 사례를 살펴보자.

상대와 처음 키스한 후 은근한 밀당을 하려면 이렇게 말한다.

"키스했다고 내가 너의 것이 되었다고 생각하지 마."

단순하지만 강력한 멘트다. 이 말을 들은 사람은 등골이 서늘해질 것이다. 상대를 '정복'한 게 아니라는 걸 깨닫고 긴장하게 될 것이다.

한편 지금 만나자는 애인의 요구에 친구들과의 선약을 깨고 달려 나오는 이들이 많다. 마음이 그러길 원하면 선약을 깨자. 그러고 나서 이렇게 말하면 된다.

"선약이 있었어. 친구들과의 약속을 깨고 나온 거야. 내가 너를 많이 좋아하는 모양이야. 그렇다고 날 만만하게 생각하지는 마. 다음번에는 친구들 만나러 간다고 해도 이해해줘."

대놓고 이렇게 말할 수도 있다.

"나는 밀당을 할 줄 몰라. 그런 부분에선 곰처럼 미련해. 밀당을 하다가 네가 달아날까봐 무서워. 나는 소심하지만 그렇다고 우습게 여기지는 마. 내 사랑을 고마워해 줘."

이런 멘트는 두 가지 메시지를 던진다. '나는 너를 좋아한다'는 표현과 동시에 '밀당은 여전히 유효하다'는 뜻을 밝히는 것이다. 상대를 긴장시킬 수 있다. 입만 잘 이용해도 밀당 작전의 효과를 충분히 거둘 수 있다.

밀당의 고수가 되려면 반드시 지켜야 할 원칙이 있다. 내가 가진 것의 100%를 허락하지는 않겠다고 각오해야 한다. 사랑하는 사람에게 나의 것 중 90%만 주겠다고 마음먹어야 한다.

사랑에 빠진 사람들은 이렇게 약속한다. "난 너를 위해 모든 걸 다할 거야!" 진심에서 우러나온 말일 때가 많다. 사랑하면 상대의 행복을 최고 가치로 여기게 된다. 내가 가진 100%를 다 주고 싶은 마음이 자연스럽게 생겨난다.

매일 만나고 싶고 나를 필요로 하면 언제든 어디로든 달려가고 싶을 것이다. 내가 가진 모든 것을 함께 나누고 싶은 마음이 든다. 친구나 가족과의 시간을 포기할 마음도 생긴다. 나의 모든 시간과 노력을 쏟아 부어 그 사람을 행복하게 만들고 싶은 게 자연스럽다. 그게 사랑의 마음이다.

그런데 마냥 헌신적인 태도는 좋지 않다. 다 채워주려고 하면 할수록 불행해진다. 미국 웨일코넬 의학대학교의 게일 살츠(Gail Saltz) 교수는 "90%만 주라"고 강조한다. 파트너에게 90%만 해주려고 절제할 때 행복의 수준이 높아진다는 지적이다.

100% 다 주기 위해 노력해야 행복하지 않을까? 왜 10%는 뺄 생각을 먼저 해야 할까? 의아할 수도 있다. 그러나 대단히 현실적인 조언이다.

사랑하는 이에게 100%를 다 해준다는 건 실현 불가능하다. 애인이나 반려자 혹은 자녀가 원하는 것을 전부 채워줄 수 없다. 인간은 복잡하고 큰 욕망을 가지고 있다. 더 편해지고 싶고 유명하길 원하며 더 좋은 것을 소유하고 싶다. 또 모든 사람의 인정을 받길 소망한다. 이런 욕망을 완전히 충족시켜주는 것은 불가능하다. 사랑하는 사람에게 완벽한 행복을 제공하는 것도 가능하지 않다.

설령 100% 채워줄 수 있다고 해도 바람직하지 않다. 살츠 교수의 지적대로 10%는 남기는 게 현명하다. 10%는 나를 위한 것이다. 나의 이기심을 채우기 위한 시간과 에너지다.

친구들도 꼭 만나야 한다. 가족과의 모임도 중요하다. 애인을 잠시 잊고 나 홀로 고민하고 모색할 시간도 필요하다. 어쩌면 10%로 부족할지 모른다. 내가 가진 시간 혹은 에너지의 20%나 30%를 할애해야 한다. 그렇게 다소 이기적일 때 사랑이 더욱 건강해진다. 내가 고갈되고 사랑이 습관이 되는 걸막을 수 있다.

90%만 헌신하겠다는 마음가짐은 상대를 존중하는 것이기도 하다. 애인이나 배우자 혹은 자녀가 자신의 행복을 스스로얻을 수 있다고 믿어주는 태도다. 이런 태도를 취하면 나는자유를 얻고 사랑하는 이들은 자생력을 얻게 될 것이다.

10%는 남기려는 자세가 나쁜 게 아니다. 자신의 시간과공간을 갖고 싶은 마음을 당당히 말할 수 있어야 한다. 이를테면 이런 대화가 이상적이다.

남자 : 당신, 나한테 너무 소홀한 거 아냐?

여자 : 맞아. 소홀했어. 미안해.

남자 : 사랑이 식은 거야?

여자 : 아직 뜨거워. 다만 나 자신도 뜨겁게 사랑할 뿐이야.

애인에게, 혹은 반려자에게 조금은 소홀해야 한다. 어느 정도는 이기적인 시간과 공간을 가져야 나도 건강해지고 관계도 활력이 넘칠 것이다. 적당한 이기심이야말로 지구력 있는 사랑의 필수 조건이다.

뜨거운 사랑의 결말은 어떻게 될까?

♥

사랑을 원하지 않는 사람은 없다. 사랑의 시작을 위해 많은 노력을 기울인 우리 대부분은 마침내 사랑에 빠지고 사랑의 행복과 고통을 절실히 맛보게 된다. 그런데 이 뜨거운 사랑은 결국 어떻게 될까?

사랑은 두 결말 중 하나로 향하게 되어 있다. 첫 번째 종착지는 이별이다. 사랑이 완전히 식어버리는 것이다. 하나의 사랑이 죽어버리는 것이다. 사랑이 이렇게 사멸하지 않는다면, 사랑은 발전하고 성숙해진다. 미국 인류학자 헬렌 피셔는 사랑이 갈망, 매혹, 애착의 3단계를 거치면서 진화한다고 설명한다.

🌸 Step 1. 갈망

모든 사랑의 도입부는 갈망 단계다. 남성호르몬과 여성호르몬이 가장 큰 역할을 하며, 상대에게 미친 듯이 끌리는 느낌을 갖게 된다. 처음 본 순간 정신이 아득해졌다면 상대를 갈망한다는 의미다. 벼락을 맞은 것처럼 짜릿한 느낌이 온몸에 퍼진다. 어떻게든 그 사람을 만나 대화하고 싶다. 밀착하고 싶은 욕망이 끓어오른다. 만남을 가지면 큰 즐거움을 느낄 수 있을 것만 같다. 갈망의 순간이다. 이제 사랑이 시작될 것이다.

🌸 Step 2. 매혹

두 번째는 매혹의 단계다. 상대방의 매력에 빠져 허우적거리고 사랑의 열병을 앓는다. 사랑에 흠뻑 빠진 사람들에게는 '비정상적'인 일이 일어난다. 아드레날린(adrenaline)이 분비되어 호흡이 빨라지고 가슴이 뛰고 입이 자꾸 마른다. 긴장과 흥분의 신호다. 또 쾌락의 호르몬인 도파민이 늘어나 기쁨의 파도가 매일같이 밀려온다. 에너지가 넘쳐서 밥을 먹지 않아도 배부르다. 잠을 자지 않아도 괜찮다. 때로는 말도 안 되는 착각에 빠져들기도 한다. 상대를 세상에서 가장 독특한 존재라고 확신하게 되는 것이다. 또 상대방에 집착하는 강박증 환자가

되어버린다. 그 혹은 그녀가 자꾸 머릿속에 떠오르는 걸 막을
수 없다. 이 열정적 사랑의 단계가 영원히 지속될 수는 없다.
오히려 다행이다. 흥분과 쾌감과 기쁨의 시간이 계속 이어지
면 일상생활을 제대로 할 수 없을 테니 말이다.

🪁 Step 3. 애착

매혹의 단계가 끝나면 애착의 단계로 넘어간다. 뜨거운 사랑
의 마음은 점점 차분해진다. 상대에 대한 걷잡을 수 없는 욕
망도 점차 얌전해진다. 대신 애인을 보살피고 애인과 친밀한
관계를 유지하고 싶은 마음이 생긴다. 미래를 함께 설계하고
싶어진다. 마음속 비밀을 나누고 서로 꼭 껴안는 게 좋다. 성
숙한 사랑의 단계가 애착이다. 사랑이 애착으로 발전하지 못
하고 끝나버리는 경우도 많다. 이별 혹은 사랑의 종말인 것이
다. 세 번째 단계에서 바람나는 커플이 적지 않다. 사랑의 열
정에 불을 붙이는 새로운 상대에게 빠져 기존의 애인을 버리
는 경우다.

우리 대부분은 사랑을 갈망과 같은 것으로 오해한다. 갈망
의 뜨거움만이 사랑의 진정한 핵심이라고 여기는 이들이 많

다. TV 드라마와 영화 속 주인공들은 갈망 단계다. 연인에 대한 뜨거운 마음을 견딜 수 없어 한다. 사랑을 위해 직업과 돈과 가족 등 모든 것을 포기해도 좋다는 태도다. 로미오와 줄리엣이 사랑을 주제로 한 드라마와 영화에 빠짐없이 등장한다.

그런데 갈망은 사랑의 한 단계일 뿐이다. 연인을 향한 마음은 머지않아 차분해진다. 활화산 같던 열정이 분출을 마치고 휴화산이 된다. 더 이상 뜨겁지 않고 미지근한 마음으로 지내는 커플도 많다. 새파란 잎이 무성해야만 살아있는 나무인 것은 아니다. 잎이 없는 겨울나무도 살아있다. 차분하고 미지근한 사랑도 사랑이다. 사랑이 사멸하지 않고 진화한다면 온도가 낮아지는 게 정상이다.

수많은 미디어에서 사랑은 갈망의 흥분 상태로 묘사되지만, 실제로는 차분한 애착도 사랑의 마음이다. 사랑의 전모를 이해해야 사랑을 키우고 지키는 데 유리할 것이다.

chapter 5

흔들리는 사랑 : 위기의 연인들

사랑은 쉽게 위기를 맞는다. 뜨거웠던 사랑이 싸늘하게
식는 위기는 언제든 닥친다. 사랑이 식어가고 있음을
증명하는 말과 현상에 대해 살펴보자. 그리고 데이트의
활기를 되살리고 위태로운 사랑을 구할 방법도 찾아보
자. 사랑을 지키려면 어떻게 해야 할까? 서운한 말이나
행동을 한 번 했다면, 다섯 번 따뜻하게 말하고 행동해
상처를 치유해야 한다.

우리 사랑 이대로 괜찮은 걸까?

♥

병이 커지기 전에 미리미리 검진을 받아야 한다. 그럼 사랑의 건강검진은 어떻게 해야 할까? 문제가 있는지 여부를 일찍 진단해 사랑이 건강하고 오래 지속되도록 할 방법은 없을까?

몇몇 전문가들이 추천하는 사랑의 건강검진 테스트 질문들을 소개한다. 러브이즈리스펙트(loveisrespect.org)의 도움을 받았다. 미국 정부가 지원하는 이 사이트는 건강한 연애를 위한 정보를 제공한다. 또 미국 먼마우스 대학교의 심리학자 게리 레반도프스키 주니어(Gary Lewandowski Jr.)가 사이언스오브릴레이션십닷컴(scienceofrelationships.com)에 소개해 주목받은 사랑의 건강진단 질문도 참고했다.

(1) 두 사람은 서로를 긍정적으로 평가하나요?

아주 가까운 연인이면서 서로를 나쁘게 말하는 이들이 있다. 상대의 단점을 줄줄 말할 수 있는 부부도 적지 않다. 사랑한다면서 그 사람을 부정적으로 평가한다면 관계는 거짓이며 위험하다고밖에 볼 수 없다. 서로 불만으로 가득 차 있다는 증거이기 때문이다.

(2) 두 사람은 편하게 감정을 나누고 서로 의지하나요?

의견을 나누는 것을 쉽게 생각하면서도 감정 교류를 힘들어하는 커플들이 많다. '힘들다', '괴롭다', '기쁘다', '설렌다', '불안하다' 등 자신의 감정을 표현하는 다양한 말들이 있지만 선뜻 상대에게 털어놓기는 어렵다. 감정을 솔직히 고백하고 서로 이해하는 관계라면 그 사랑은 아주 건강하다.

(3) 두 사람은 서로를 있는 그대로 받아들이나요?

대부분의 사람들은 상대를 변화시키려는 욕망을 갖고 있다. '네가 이렇게 바뀌면 널 더 사랑할 수 있다'고 쉽게 말한다. 그런데 사람이 바뀌는 것은 극히 어려운 일이다. 다른 존재로 변화하려는 노력도 큰 고통이다. 이런 변화의 압박과 고통을 주고받는가, 아니면 그대로의 모습을 사랑하는가. 서로 현재의 모습을 인정하고 수용해야 진정한 사랑이 가능하다.

⑷ 의견이 불일치할 때 두 사람은 서로 무시하지 않고 존중하나요?

연인이나 부부 사이에 의견이 맞지 않는 일은 아주 흔하다. 건강한 관계를 유지하는 연인들은 의견 차이에 좌절하지 않는다. 화를 내지도 않는다. 서로 존중하며 조율해간다.

⑸ 두 사람은 중요한 일을 함께 결정하나요?

사회에서는 통찰력 있는 사람이 결정해주면 편하다. 결단력 있는 사람의 결정은 지지를 쉽게 얻는다. 그런데 연인 혹은 부부 사이는 다르다. 상하관계도, 주종관계도 아니다. 중요한 일은 두 사람이 함께 결정하는 습관이 들어야 한다.

⑹ 두 사람은 서로에게 최고의 친구인가요?

서로 좋은 친구라고 생각할수록 사랑은 뿌리가 깊어진다. 상대를 최고의 친구로 여긴다면 그 연인 또는 부부의 사랑은 더욱 오래, 그리고 건강하게 유지될 수 있다.

⑺ 가까운 친구들은 당신이 예쁜 연애를 하고 있다고 보나요?

남의 시선을 신경 쓸 필요는 없지만 객관적 평가는 중시해야 한다. 특히 가까운 친구나 가족들의 판단이라면 귀를 기울여야 한다. 스스로 내 사랑의 건강도를 객관적으로 판단하기 어렵다면, 가까운 친구의 솔직한 평가를 들어보는 것이 좋다.

⑻ 외도, 질투, 오해 등 심각한 문제가 없나요?

한쪽이 바람을 피우려고 한다면 그 연인관계는 위험하다. 외도까지는 아니어도 오해와 질투 역시 관계의 건강도를 떨어뜨릴 수 있다. 이런 일이 자주 일어나는지 돌아보고 점검해야 한다.

⑼ 애인이 친구들과 자주 만나는 것이 싫은가요?

이 질문에 'Yes'라고 답했다면 상대를 통제하려 한다는 뜻이다. 가두고 묶어두려는 것이다. 연인이 친구들과 주말을 보내거나 여행 가는 것을 아주 싫어하고 자신 곁에 있길 고집한다면 상대의 독립성을 인정하지 않는 태도다. 사랑은 통제가 아니다. 소유는 더더욱 아니다.

(10) 애인이 싫어할 것 같아서 옷을 안 산 일이 많나요?

이 질문에 'Yes'라고 답했다면 정신적인 독립성을 상실한 것이다. 예컨대 어떤 옷이 마음에 들지만 애인이 싫어할 게 뻔해 사려다 만다. 또 애인이 좋아할 만한 색깔의 화장품만 구입한다. 이런 경우처럼 자신의 선호에 충실할 수 없다면 독립적인 개체로서의 정체성에 혼란이 온다. 상대를 배려하는 것은 중요하다. 애인을 기쁘게 하려는 노력도 좋다. 그러나 인간은 스스로를 먼저 보살펴야 한다. 각자 독립된 존재로서 서로를 사랑하는 것이 가장 이상적이다.

(11) 애인이 자주 나의 마음을 상하게 하나요?
(12) 내가 애인의 마음을 자주 상하게 하나요?

(11)과 (12)는 심리적 가혹행위가 있는지 여부를 확인하는 질문이다. 애인이 말과 행동으로 내 마음을 자주 아프게 한다면 사랑에 대한 재평가가 필요하다. 애인에게 정식으로 문제 해결을 요구해야 하는 것이다. 또한 자신이 심리적 가혹행위에 해당하는 말을 하진 않는지 돌아봐야 한다. 연인의 마음에 상처가 쌓이면 관계는 위기를 맞을 수밖에 없다. 서로 마음을 아프게 하는 것이 습관인 경우 그 관계는 사랑이 아니라 괴로운 투쟁관계다.

(13) 애인과 함께 있으면 신나나요?

(14) 애인과 함께 있으면 편안하고 만족스러운가요?

(15) 애인과 함께 있으면 지루한가요?

(16) 애인과 함께 있으면 짜증이 나나요?

버릇처럼 주말에 애인을 만나고 함께 시간을 보내는 이들이 많다. 관성적인 사랑이다. 자기분석이 필요하다. 만나면 어떤 마음인가 확인할 필요가 있다. 기분이 좋은지 나쁜지, 신나는지 지루한지 돌아보자.

(13)과 (14)에 'Yes'라고 답했다면 큰 문제는 아니다. (13)처럼 만남이 신난다면 관계의 초기거나 뜨거운 사랑일 가능

성이 높고, (14)라면 성숙한 단계의 연인들이다.

(15)처럼 지루하게 느껴진다면 좋지 않다. 다른 대안이 없고 안 만나는 것보다는 낫다고 생각해 만남을 지속하는 연인이다. 활력과 긴장을 재충전하지 않으면 관계는 서서히 무너질 것이다.

(16)처럼 짜증이 나면 아주 부정적으로 평가해야 한다. 짜증과 함께 화, 실망, 불안 등의 나쁜 감정을 데이트 때 느끼는 경우 연인관계를 청산해야 할지 모른다. 물론 솔직한 대화와 진지한 노력으로 문제 해결을 시도할 수도 있다.

차량을 점검하지 않고 계속 달리기만 하면 위험하다. 건강검진 없이 평생을 사는 것도 무모하다. 사랑도 위기를 맞이하기 전에 미리 검진하는 게 필요하다. 스스로 관계를 돌아보는 것이 가장 좋은 방법이다. 사랑하는 사람이 나를 어떻게 대하는지, 나에게 행복과 불행 중 어떤 것을 주는지 분석해야 한다. 또 내가 그 사람의 마음과 생각을 소중하게 생각하고 있나 스스로 캐묻는 것이 좋다. 문제를 찾아 고쳐야 우리의 사랑도 한층 더 건강해질 것이다.

사랑이 끝나고 있다는 네 가지 증거

♥

천둥번개가 치면 폭풍우가 온다. 쥐들이 탈출하면 배가 침몰한다. 모든 일에는 징후가 있다. 사랑의 위기에도 어떤 전조현상이 있지 않을까? 그걸 알면 빨리 대처할 수 있지 않을까?

입에서 어떤 말이 튀어나오는지 살피면 사랑의 위기를 미리 알 수 있다. 미국 심리학자 존 고트먼은 부부의 대화 패턴을 분석해 사랑에 치명적인 말 습관들을 정리했다. 결혼 혹은 연인관계가 파탄에 이르고 있음을 보이는 징후는 네 가지다. 비난하기, 무시하기, 책임 돌리기, 그리고 마음의 벽 쌓기가 그것이다.

🪁 징후 1. 비난하기 _ "넌 안 돼, 나쁜 사람이야"

첫 번째로 '사람 비판'이 관계를 위태롭게 한다. 비판은 가능하다. 불만을 표현하는 것도 자연스럽다. 그런데 행동에 대해 비판해야 한다. 사건이나 일에 대해 불만을 표현해야 한다. 그게 아니라 무작정 사람을 비난하면 문제다. 예컨대 애인이 약속을 하고도 자주 잊어버린다면, 이런 경우 어떻게 비판하는 것이 좋을까?

(1) "왜 약속을 안 지켜? 역시 넌 안 돼."
(2) "왜 약속을 안 지켜? 잊은 모양이네."

(1)은 사람을 비판하는 말이다. 원래 약속을 어기는 사람이라고 비난한다. (2)는 사람에 대한 비판이 아니다. 잊었냐는 것이다. 이번 일에 대한 질문이다.

(3) "거짓말을 왜 하니? 넌 나빠."
(4) "거짓말을 왜 하니? 거짓말은 나빠."

마찬가지로 (3)은 사람을 비판하고 (4)는 사건(거짓말)을 비판한다. 어느 쪽이 좋을까? (4)가 낫다. (3)은 (1)과 마찬가지로 듣는 사람에 대한 공격이다. 사람의 인성이나 성격에 문제가 있다는 비난이다. 듣는 사람이 기분 좋을 리 없다. 대화의 분위기가 더 험악해질 것은 자명하다. 이렇게 사람을 비판하는 말이 자주 오간다면 두 사람 사이가 위태롭다는 명백한 증거다.

🏷 징후 2. 무시하기 _ "네가 뭘 알아"

사랑이 끝나가고 있다는 걸 보여주는 두 번째 증거는 '무시'인데, 이것이 가장 해롭다고 한다. '너는 나의 대화 상대가 되지 않는다'는 느낌을 주며 말을 한다. 또 상대를 비꼬고 조롱하는 투로 말을 던진다. 이런 태도는 연애나 결혼생활에 치명타를 가할 수 있다. 예컨대 아내가 "우리 이야기 좀 하자"고 말하는데 남편은 코웃음을 친다. "당신, 나에게 심한 것 아냐?"라고 물으면 "에휴" 하고 한숨을 쉰다. 얼굴도 쳐다보지 않으면서 말이다. 상대방이 의견을 말하면 "네가 뭘 아냐"면서 면박을 준다. 이런 것이 상대방을 무시하는 사례들이다.

(5) "퇴근하고 앉아서 TV만 보는 거야? 당신은 너무 게을러."

(6) "당신 피곤한 거 이해해. 하지만 날 좀 도와주면 안 될까?"

아내가 (5)라고, 말하면 어떨까? 듣는 남편은 자신이 무가 치하다는 느낌을 받는다. 사랑하는 사람이 자신을 경멸한다 는 사실에 충격을 받는다. (6)이 훨씬 낫다. 상대의 입장을 고 려하면서 말한다. 상대방을 존중하는 태도가 깔려 있다. 무시 의 반대는 존중이다. 무시는 소통할 가치가 없다는 선언이다. 이로 인한 대화 단절은 관계 단절과 거의 같은 것이다. 무시 하는 말을 버릇처럼 주고받는다면 그 연인 혹은 부부의 관계 는 끊어질 위험에 다다랐다.

징후 3. 책임 돌리기 _ "너 때문이야"

사랑의 끝을 예감하게 만드는 세 번째 태도는 '책임 회피'다. 자신의 책임은 전혀 인정하지 않고 상대 탓을 한다. "그건 내 탓이 아냐. 네 잘못이야"라고 말하는 식이다. 이런 책임 돌리 기는 문제를 해결하는 것이 아니라 갈등의 강도를 더욱 키울 뿐이다.

A : 실망이야. 영화가 재미없었어.

B : 네가 보자고 했잖아.

A : 네가 멀리 가기 싫다고 해서 영화를 보게 된 거야.

B : 그래도 영화는 네가 골랐어.

돈과 시간을 들여 본 영화가 재미없었던 건 작은 불행이
다. 그러나 두 사람이 서로에게 책임을 돌리면서 헐뜯은 건
큰 불행이다. 영화가 재미없었다고 말하고 아쉬워하면 끝날
문제다. 또 내가 일부 원인을 제공했다고 깔끔하게 인정하면
된다. 그런데 두 사람은 상대가 문제를 일으킨 원인이라며 공
격한다. 책임 돌리기의 전형적 사례다. 이상적인 연인의 자세
는 반대다. 자기 잘못이 있었다면 흔쾌히 인정하고 연인의 잘
못이 있었더라도 감싸준다.

징후 4. 마음의 벽 쌓기 _ "대화해도 소용없어"

사랑의 종말을 알려주는 네 번째 징후는 '벽 쌓기'다. 소통을
거부하려는 태도다. 문제 해결을 위해 노력하자고 해도 협조
하지 않으려는 자세다. 문을 쾅 닫고 자기 방에 들어가는 식
이다. 연인이나 배우자가 뭐라고 해도 아예 듣지 않는다. 눈

을 감아 상대의 존재를 시야에서 지워버리고, 헤드폰을 쓰고 음악을 들으며 상대의 목소리를 '음소거(mute)' 해버리기도 한다.

(7) "이야기하기 싫다. 말해봐야 소용없는 거 알잖아."
(8) "지금은 이야기하기 싫다. 20분만 있다가 대화하자."

(7)은 이미 마음의 벽을 높고 튼튼하게 쌓아 올린 커플의 말이다. 두 사람의 소통은 불가능할 것 같다. 소통을 원하지도 않는 것으로 보인다. (8)이 훨씬 낫다. 지금은 이야기할 마음이 안 들지만 잠시 감정의 휴지기를 갖고 재시도하자는 제안이다. 문제 해결이 가능할지도 모른다.

마음의 벽 쌓기가 나쁜 것은 다른 모든 부정적인 상호작용의 결과이기 때문이다. 서로 비난하고 책임을 묻고 무시하는 발언을 오래 주고받다보면 저절로 마음의 문이 닫힌다. 연인 사이에 심리적인 벽을 쌓아 올리기 시작한다면 둘은 그 관계에서 달아나고 싶다는 신호를 보내고 있는 셈이다. 감정적으로는 이미 관계가 파탄 났다고 할 수 있다.

앞서 소개한 나쁜 대화법은 사랑이 끝나감을 보여주는 증거듭이다. 어떻게 이런 대화를 줄여 우리의 사랑을 구할 수 있을까? 먼저 자신이 말하는 방식을 되돌아봐야 한다. 비난하고, 무시하고, 책임을 돌리고, 마음의 벽을 쌓진 않았는지 성찰할 필요가 있다.

또 연인이나 배우자의 나쁜 말을 줄이는 노력도 요구된다. 상대가 관계와 사랑을 위협하는 말을 할 때 정확히 지적하면 효과적이다. 단, 반격이 아니라 호소의 태도를 취하는 것이 중요하다. 다음 사례들의 B처럼 말하는 것이 하나의 방법일 것이다.

'비난하기' 대응

A : 또 약속을 안 지키네. 당신은 원래 그런 사람이지만.

B : 너는 나를 비난하고 있어. 그래서 내 마음이 슬퍼.

'무시하기' 대응

A : 이야기를 해도 당신은 이해 못 해.

B : 당신은 나를 무시하고 있어. 내가 바보같이 느껴져.

'책임 돌리기' 대응

A : 난 몰라. 그건 네 잘못이야. 네가 자초한 거야.

B : 꼭 책임을 따져야 해? 누구나 실수는 하잖아.

'마음의 벽 쌓기' 대응

A : 각자 아무렇게나 하고 싶은 대로 하자. 난 신경 안 써.

B : 우리는 감정적으로 벽을 쌓고 있어. 이러지 말자.

미국 미시간 대학교의 제임스 하우스(James House) 등 연구자들이 밝힌 바에 따르면, 결혼생활이 불행하면 질병이 찾아올 확률이 35% 높아지며 수명을 4~8년 단축시킨다. 나쁜 연인관계도 건강에 악영향을 끼칠 것이 분명하다. 고통을 주는 관계는 해롭다. 비난과 경멸과 책임전가의 말이 오가는 사이 우리의 사랑도 병들고 수명이 짧아진다. 사랑을 구해내고 싶다면 대화방식을 분석하고 문제를 찾아내 고쳐야 한다. 빠를수록 좋다.

사랑을 지키는 말

♥

마음 따뜻한 사람이 말도 따뜻하다고 생각하기 쉽다. 과연 그럴까? 반대로 차갑게 말하는 사람은 마음이 차가운 것일까? 마음이 뜨거워도 얼음처럼 차갑게 말하는 사람들이 있다. 자기도 모르게 냉정하게 말해버린다. 사실 대부분의 사람들은 스스로 깨닫지도 못한다. 자기 화법이 차가운지 뜨거운지 인식하지 못하는 것이다.

연인의 말에 따뜻하게 반응해주는 것이 좋은 애인의 필수적인 조건이다. 빼어난 외모를 가졌어도 말이 쌀쌀맞으면 정떨어진다. 자기 말의 온도가 어느 정도인지 판단해보자. 어떻게 하면 말의 온도를 높여 따뜻하게 반응할 수 있을지도 고민해봐야 한다.

먼저 상황을 가정해보자. 아내가 시험에 합격했다. 오랫동안 노력하고 마음 졸인 끝에 겨우 붙었다. 그녀는 소중한 사람에게 기쁜 소식을 알렸다. 미국 캘리포니아 대학교의 심리학자 셸리 게이블(Shelly Gable)에 따르면, 대부분의 사람들이 보이는 반응은 다음의 네 가지 중 하나다.

"나, 합격했어!"

(a) "축하해. 나도 정말 기뻐." (관심과 환영)

(b) "축하해. 그런데 학비는 어쩌지?" (관심과 걱정)

(c) "(스마트폰을 보며) 축하해." (소극적 무관심)

(d) "축하해. 배고픈데 저녁은 다 됐어?" (다른 주제로 말하는 적극적 무관심)

가장 이상적인 반응은 (a)다. 합격했다고 하니 진심으로 축하해주고 있다. 자신도 기쁘다고 말해준다. 따뜻한 반응이다. 이렇게 말하면 상대에게 힘을 준다. 기쁨이 두 배로 늘어나게 만든다.

(b)는 걱정 많은 사람들의 전형적인 대답이다. 일단 진심으로 축하한 뒤에 걱정거리를 덧붙인다. 듣는 사람도 잠깐 행복했다가 금방 우울해진다. 걱정을 떠안았기 때문이다. 기쁨

이 절반으로 줄어든다. 비슷한 예로 "결혼은 정말 축하하는데, 그 사람 바람피우지는 않을까?"라며 나를 걱정하는 친구가 있게 마련이다. 부모님들도 대개 (b) 유형을 택한다. 나를 사랑하지만 겁이 많은 사람들의 대답법이다.

(c)는 사람의 기운을 쏙 뺀다. 축하한다고 말하지만 사실은 연기다. 무관심하면서 입으로만 관심 있는 척 연기한다. 목소리 톤에서 무관심한 티가 날 것이다. 이렇게 반응하면 합격의 기쁨을 80% 정도는 날려버린다.

(d)가 가장 나쁘다. 분위기를 깨고 찬물을 끼얹을 뿐 아니라 화를 돋운다. 상대를 아주 기분 나쁘게 만드는 것이다. 축하는 대충 하고 뻔뻔스럽게 자기가 원하는 주제로 넘어간다. 공감능력이 최하인 반면 이기적 태도는 최고 수준이다. 상대의 들뜬 기분은 산산이 가루가 되어버린다.

애인도 크게 네 가지 유형으로 나눌 수 있다. 진정한 관심을 보이며 따뜻하게 말해주는 사람(a)이 있고, 진정한 관심후에 부정적 걱정거리를 말하는 사람(b)이 있다. 무관심하면서 따뜻한 척 연기하는 유형의 애인(c)이 있다면, 적극적으로 무관심을 드러내는 이기적 애인(d)도 있다. 친구도 가족도 이렇게 네 유형으로 구분할 수 있다.

게이블 박사는 2006년 성인 커플을 대상으로 서로 어떻게 반응하는지 살펴보고 수개월 후 추적 연구를 진행했다. 그 결과 (a) 반응을 많이 보이는 커플이 행복하고 관계의 질도 높으며 헤어지는 비율이 낮다는 사실을 확인했다. 충분히 짐작하듯이 (c)나 (d)처럼 대화하는 커플이 행복할 리는 없다.

사랑을 잘하려면 (a)처럼 반응해야 한다. 진심과 따뜻함을 갖고 말해야 상대가 호감을 느끼고 당신에게 빠져든다. (a)는 듣는 사람에게 용기와 기쁨을 주는 화법이고 사랑도 키워낸다.

이런 네 가지 분류법은 연애할 상대를 고를 때도 참고가 될 수 있다. (d)처럼 상대에게 무관심하고 찬물 끼얹는 말을 하는 사람은 피해야 한다. 이런 종류의 인간을 사귀면 평생 피곤할 가능성이 높다. 가능하면 일찍 버려야 한다.

물론 자기를 돌아볼 필요도 있다. 또 다른 예를 보자.

"날씨가 좋아요!"

(a) "날씨가 진짜 좋네요. 산책 갈까요?" (관심과 환영)

(b) "날씨가 진짜 좋네요. 그런데 얼굴이 타지 않을까요?" (관심과 걱정)

(c) "(TV 보면서) 날씨가 좋네요." (소극적 무관심)

(d) "날씨가 좋네요. 새로 산 내 구두 어때요?" (적극적 무
관심)

나는 보통 어떻게 반응하고 있을까? 상대에게 용기를 주
고 감동을 두 배로 키우는 훌륭한 애인이 되고 싶다면 (a)처
럼 말하는 것이 좋다. 그러기 위해서는 (a)에 맞게 사고해야
한다. 말은 생각의 표현이므로 따뜻하고 긍정적으로 생각해
야 자연스럽게 (a)와 같이 반응할 수 있는 것이다. 걱정은 떨
쳐버리는 것이 좋다. 겁을 먹고 또 다른 걱정거리를 만들어내
면 (b)처럼 말하게 된다. 나와 듣는 사람 모두 기운이 빠질 것
이다. 기쁨이 반감되는 건 말할 것도 없다.

따뜻하게 대응해야 좋은 애인이고 좋은 친구다. 어떻게 해
야 그럴 수 있을까? 말솜씨를 교육하는 학원에라도 다녀야
할까? 진심이 있으면 된다. 상대의 말에 귀 기울이고 상대의
기쁨을 나의 것으로 여기는 따뜻한 진심이 꼭 필요하다.

현명하게 피 터지게

♥

말다툼을 잘해야 한다. 좋은 전략을 갖고 말다툼해야 사랑도 직장생활도 성공할 수 있다. 오랫동안 최고로 인정받아온 말다툼 기술을 소개한다. '너'가 아니라 '나'를 주어로 놓고 말하기다. '내가 주어인 문장(I-message 화법)'으로 말하면 갈등을 줄일 수 있다.

미국 콜로라도 대학교 갈등 연구회(Conflict Research Consortium)가 제시하는 유명한 예를 먼저 보자.

월요일 아침이다. 금요일까지 보고서를 내기로 했지만 완성하지 못한 부하직원에게 상사가 말한다. 그는 다음 두 가지 중 하나를 선택해 말할 수 있다.

(1) "지난 금요일까지 당신이 제출하기로 한 보고서 어떻게 됐어요? 당신은 도대체 뭘 한 건가요? 당신 때문에 프로젝트가 늦어지고 있잖아요."

(2) "내가 보고서를 아직 받지 못했어요. 프로젝트 진행이 안 돼서 나는 스트레스를 받고 있어요."

(1)과 (2)의 내용은 실질적으로 같지만, 청자의 반응이 확연하게 달라진다. (1)을 듣는 사람은 기분이 좋지 않을 것이다. 자신을 몰아붙이기 때문이다. 실제로 잘못을 했거나 작은 실수가 있다고 해도 이런 식으로 책임을 떠넘기고 추궁하면 반감이 생길 수밖에 없다. 사과하기도 싫을 것이다. 양해를 구하는 말도 입에서 나오기 어렵다. (2)처럼 말하면 듣는 사람은 사과하고 싶어진다. 또한 왜 늦어졌으며 어떻게 문제를 해결할지 자세히 설명할 확률이 높아진다.

(1)과 (2)의 가장 큰 차이는 바로 주어다. (1)은 '너'가 주어 (You-message)고, (2)는 '나'가 주어(I-message)다. 이 작은 차이가 결과의 큰 차이를 낳는다. (1)은 '너 때문에 이런 일이 벌어지고 있다'는 비난에 해당한다. 우리가 일을 진행 못하는 것도 네 책임이고, 내가 지금 힘든 것도 너 때문이라는 지적이다. 듣는 사람이 기분 좋을 리 없다. (2)처럼 '나'를 주어로

쓰면 뉘앙스가 크게 변한다. '나는 이런 처지다'라는 하소연이 된다. 내가 곤란하고 힘들다는 말이다. 듣는 사람 입장에서는 미안해질 수 있다. 그리고 도움을 주고 싶다. 야단이 아니라 협조 요청을 들은 셈이 된다.

다른 모든 인간관계와 마찬가지로 사랑하는 연인들도 결국 싸우게 되어 있다. 영리하게 말다툼해야 그나마 상처를 주고받는 일이 줄어든다. 다음은 연인 사이에서 흔한 말다툼예다.

> (3) "너는 너무 많은 걸 원해. 욕심이 지나쳐."
> (4) "나는 네가 원하는 걸 다 못해줘서 미안해."

(3)은 주어가 '너'고, (4)는 주어가 '나'다. (3)처럼 말하면 전쟁이 터질 것이지만, (4)처럼 말하면 훨씬 부드럽게 대화가 진행되고 문제 해결도 기대할 수 있을 것이다.

> (5) "너는 다른 여자에게 지나치게 다정해. 너도 어쩔 수 없는 남자인 거야?"
> (6) "나는 네가 다른 여자에게 다정하면 솔직히 질투가

나. 불안하기도 하고.”

　남자친구가 다른 여자에게 필요 이상으로 친절하고 따뜻하게 대한다면 열이 뻗칠 것이다. (5)라고 말하고 싶어진다. ‘너’를 주어로 공격하고 싶은 게 자연스러운 마음이다. 그런데 각오해야 한다. 그렇게 말하면 싸움이 시작될 것이다. 기분을 망치고 데이트도 괴로워질 것이다. (6)은 ‘나’가 주어다. 이성에게 지나치게 친절할 필요가 없다는 뜻을 전달하는 것은 (5)와 같다. 그런데 주어가 ‘나’이기 때문에 호소력이 높다. 싸움으로 번질 확률도 낮다.

　다툼을 피하면서도 상대의 잘못을 에둘러 지적하기에 좋은 것이 ‘내가 주어인 문장’이다. 이런 문장은 보통 세 부분으로 구성된다.

　　(a) ~하면

　　(b) 나는 ~하게 느껴요.

　　(c) 이렇게 해줬으면 좋겠어요.

　애인이 늦게 와서 영화를 못 봤다고 하자. 약속시간에 늦는 일도 이번이 처음이 아니라 자주 있었다고 가정하자.

(7) "네가 또 늦어서 영화를 못 보고 데이트도 망쳤어. 항
    상 네가 문제야."

(8) "네가 늦으면 나는 기다리는 게 힘들어. 약속시간을
    지켜주면 정말 행복하겠다."

상대의 문제점을 지적하는 방식으로는 (8)이 이상적이다.
'나'가 주어이기 때문이다. 그리고 문장에서 (a), (b), (c)의 세
부분을 잘 갖춘 예문이다. 물론 이런 구성요소까지 정확히 갖
춰야 한다는 말은 아니다. 사랑의 위기 상황에 맞는 말을 만
드는 데 참고로 삼으면 된다.

고단한 삶을 나눠도 되는 사이

♥
|
|
|
|
|
|

　때로는 '뒷담화'가 관계를 증진시킨다. 나를 괴롭히는 사람들에 대해 푸념하고 의견을 나누다보면 상대에게 훨씬 친근감을 느끼게 된다.

　　남자 : 부장님이 매일 나만 괴롭혀.

　　여자 : 나는 따돌리려는 친구 때문에 힘들어.

　　남자 : 요즘은 회사를 그만두고 싶어.

　　여자 : 나도 친구들을 포기하고 싶어.

　이 대화 속 남녀는 아주 솔직하다. 하지만 실제로는 힘들고 괴로운 일에 대해 털어놓는 연인이나 부부가 많지 않다.

상대가 걱정할까 염려해서다. 또 자신이 힘들다고 말하면 상대도 괴로워하고 스트레스가 몇 배로 늘 것 같아서다.

그런데 나쁜 결과를 염려할 이유가 없다. 연인은 생각보다 훨씬 강하다. 사랑하는 사람에게는 힘든 일에 대해 말해도 된다. 힘든 일을 이야기하다보면 오히려 힘을 얻게 된다. 이것이 사랑의 기쁨이자 특혜다.

미국 유타 대학교의 심리학자 안젤라 힉스(Angela Hicks)는 48쌍의 커플을 모아 실험을 진행했다. 피실험자들에게는 각자의 파트너에게 오늘 가장 스트레스 심했던 일과 가장 좋았던 일을 말하도록 요청했다. 21일 동안 연속해서 말이다.

나를 괴롭히거나 스트레스를 유발하는 사람에 대해 원망하는 말을 하면 그 말을 듣는 연인의 마음은 어떨까? 기분이 좋아질 수야 없겠지만 크게 나빠지진 않는 것으로 확인됐다. 이야기를 듣고 스트레스가 치솟지도 않았다.

괴롭고 스트레스 받는 일에 대해 마음을 터놓고 대화하면 상대와의 유대감이 높아진다. 그러니 연인에게는 자신이 겪는 힘든 일을 허심탄회하게 털어놔도 좋다. 연인은 나의 고통을 보듬어주고 용기를 줄 것이다.

그럼 좋은 일에 대한 대화를 나누면 어떨까? 긍정적인 일에 대해 묻고 답하면 두 사람 모두 행복해지는 것이 실험에서 확인됐다. 기분이 뚜렷이 좋아지는 것이 관찰됐고, 관계에 대한 만족도도 높아졌다. 기분 좋은 일에 대해 서로 이야기 나누는 방법은 간단하다. 이런 질문을 던지면 된다.

- "오늘 기분 좋은 일 없었어?"
- "표정이 좋네. 기분 좋은 일 있어?"
- "점심은 맛있는 거 먹었어?"

이후에 대화를 자연스럽게 풀어나가면 된다. 하루 동안 좋은 일도 나쁜 일도 있게 마련이다. 좋은 일에 집중하면서 대화를 나누면 두 사람 모두 기분이 좋아진다. 스트레스가 줄고 나쁜 기억도 지울 수 있다.

반론할 사람도 있을 것이다. 하루 종일 일에 지쳐 피곤한데 그런 대화를 할 수 있겠느냐고, 비현실적이라고 따질 수도 있다. 그런데 그 반대다. 피곤하기 때문에 그런 대화를 주고받는 것이다. 즐거운 일에 대한 대화가 마음을 기쁘게 하고 피로를 견딜 에너지를 제공한다.

나쁜 일이든 좋은 일이든 공유하는 것이 좋다는 게 힉스 교수의 결론이다. 뿐만 아니라 몸을 귀찮게 하는 일도 공유해야 한다. 미국 작가 엘리자베스 코헨(Elizabeth Cohen)은 〈허핑턴포스트〉에 실린 글에서 결혼 상대의 절대적 조건으로 '고양이 화장실 치우기'를 꼽았다.

> "당신이 집에 없거나 바쁘거나 아플 때 고양이 화장실 박스를 치워주지 않을 사람과는 절대로 결혼하지 마라. 고양이 화장실 치우기는 얼마나 나를 사랑하는지, 그리고 얼마나 나와 적합한 사람인지를 보여주는 리트머스 시험지다."

꼭 고양이 화장실 치우기 하나만을 놓고 하는 말은 아닐 것이다. 귀찮고 더러운 일도 함께 나눌 수 있어야만 결혼 상대자가 될 수 있다는 얘기다. 스트레스 받는 일도 공유하고 귀찮은 집안일도 나누는 것이 행복한 커플의 필수 조건이다.

시원한 웃음과 든든한 자신감이 최고의 선물

♥

수전 프렉클(Susan Prekel)은 미국의 여성 코미디언이다. 그녀는 10년 넘게 뉴욕의 여러 무대에서 스탠딩 코미디를 했는데 공연 후 남자로부터 데이트 신청을 받은 일이 딱 한 번이었다고 한다. 수전은 키가 크고 흑갈색 머리카락을 가졌고 매력적이라는 평가를 받는다. 코미디 솜씨도 뛰어나다. 그러나 남자 관객들은 그녀에게 큰 관심을 보이지 않았다. 〈사이언티픽 아메리칸(Scientific American)〉이라는 미국의 한 과학 매체가 소개한 스토리다.

프렉클의 말에 따르면, 남성 코미디언은 사정이 전혀 다르다. 공연 현장에서 여자 관객들로부터 뜨거운 환호를 받고 인기도 많다고 한다. 이성적 관심과 호감을 얻어 데이트 기회가 생기는 것은 물론이다. 왜 그럴까? 여자는 웃게 만드는 남자를 좋아하지만, 남자는 웃어주는 여자를 선호하기 때문이다.

미국 웨스트필드 대학교의 에릭 브레슬러(Eric Bressler) 박사에 따르면, 남녀 모두 유머러스한 이성을 좋다고 말한다. 그런데 그 속뜻이 달랐다. 여자는 재미있는 말을 잘하는 남자를 만나고 싶다는 뜻이고, 남자는 자신의 유머에 잘 웃는 여자를 선택하겠다는 의미였다.

농담은 지적인 수준이 높다는 것을 증명한다. 남들보다 똑똑해야 예상을 뛰어넘어 허를 찌르는 농담을 할 수 있다. 유머 감각은 지성뿐 아니라 창의성의 증거도 될 수 있다. 남들이 생각지 못한 말을 만들어내는 창의성이 유머감각의 기본이다.

똑똑하고 창의적인 남자가 여성에게 매력적으로 보일 수밖에 없다. 데이트에서 남성의 유머감각이 중요한 이유다. 물론 농담만 이성을 매료시키는 효과를 갖는 것은 아니다. 정교하고 날카로운 말 한마디도 창의성과 높은 지적 수준을 증명한다. 유머가 지적인 발언과 다른 것은 웃음을 낳는다는 점이다. 웃는 것만큼 좋은 일은 없다.

남자가 잘 웃는 여자를 좋아하는 이유는 무엇일까? 여성의 웃음을 인정으로 생각하기 때문이다. 웃음을 터뜨리는 여자는 나의 유머감각과 지적 능력을 긍정적으로 평가한다는 뜻이다. 나를 인정해주는 사람에게 마음이 가는 것은 자연스럽다.

또 웃음은 열려 있다는 신호다. 무뚝뚝한 표정은 접근 금지의 신호지만, 미소는 접근해도 좋다는 시그널이다. 소리 내는 함박웃음은 마음이 열렸다는 사인이다. 여자의 웃음이 남자에게는 큰 응원이자 격려인 셈이다.

데이트 현장에서 남자가 유머감각을 자랑하려고 한다면 주목할 필요가 있다. 어쩌면 많이 궁리하고 오래 준비한 후 농담을 던지는 것인지 모른다. 농담을 던지는 동안 남자는 불안하다. 혹시 상대가 웃지 않을까 노심초사다.

만일 그 유머감각의 수준이 낮지 않다면 크게 웃어주는 게 좋다. 거짓된 폭소는 부작용을 낳을 수 있지만 진실한 웃음은 인정받았다는 득의감을 줄 수 있다. 남자는 자신의 농담을 듣고 사람들이 웃는 걸 아주 좋아한다. 남자의 유머에 시원한 웃음으로 반응하는 것은 데이트의 좋은 기술이다. 웃음이 남자에게 용기를 선물한다.

남성들이 여성에게 무의식적으로 갈망하는 또 다른 선물이 있다. 바로 자신감을 심어주는 격려다.

남자가 오랫동안 우울한 표정이었다. 이유를 말하지 않다가 결국은 걱정거리를 고백했다. 이 남자는 진심을 말하고 있을까?

> 남자 : 회사에서 잘릴까봐 무서워.
> 여자 : 괜찮을 거야. 넌 유능하고 성실하잖아. 그런데 무섭다고 왜 일찍 말 안 했어?
> 남자 : 네가 걱정할까봐.

진심일지도 모른다. 여자가 걱정하는 게 싫어서 감췄을 수도 있다. 하지만 아닐 수도 있다. 자신의 공포를 드러내는 게 싫어서 입을 닫았을 가능성도 충분하다. 남자는 자신의 공포감을 드러내는 데 거부감이 크다. 남자의 진심은 이런 것이다. "내가 무서워한다는 걸 들키는 게 정말 무서워."

미국 인류학자 헬렌 피셔는 "남자는 자신의 가장 어두운 공포를 고백하는 일이 거의 없다"고 말한다. 대신 농담으로 포장해 간접적으로 공포감을 공개하는 게 남자라고 설명한다.

여자는 무섭다고 쉽게 말한다. 벌레가, 어둠이, 사람이 무섭다는 말을 하는 게 전혀 어렵지 않다. 그런데 남자는 다르다. 감히 말하지 못한다.

여자가 무서움을 더 많이 느끼는 것 같지만 남자도 그에 못지않다. 남자의 두려움은 크고 깊다. 남자는 두려움 속에 산다. 왜냐하면 남자란 항상 싸움을 각오하고 승리를 갈구해야만 한다고 배워왔기 때문이다. 뒤집어 말하면 언제나 '패배할 수도 있다'는 걱정이 뇌 속에 도사리고 있다. 승리를 갈망하기 때문에 패배의 공포도 남자에게 내재되어 있는 것이다. 그리고 그 공포를 노출하는 것도 패배라고 생각한다.

남자의 공포감을 달래는 여성이 호감을 얻을 확률이 높다. 아무리 강한 척하는 남자도 매일매일 무섭기는 마찬가지다. 달리 말해서 남자는 격려에 목말라 있다. 습관적으로 응원하자. 빈말이라도 용기를 북돋아주자. 다음과 같이 응원하면 남자를 감동시킬 수 있다.

- "아주 잘했어."
- "당신이 옳아요."
- "역시 최고야."
- "너는 이겨낼 수 있어."
- "당신은 지금까지 잘해왔어요."
- "너처럼 용기 넘치는 사람은 없어."
- "시험에 떨어져도 괜찮아. 넌 또 길을 찾을 거야."

사랑은 의존이기도 하다. 심리적으로 상대에게 기대면 그 사람과 떨어져 있기 싫다. 함께 있는 시간이 행복해진다. 특히 남자는 강한 척하지만 실은 약하고 두려움이 많다. 그런 유약한 존재에게 던지는 응원의 말은 생각보다 효과가 크다. 상대에 대한 심리적 의존도를 높이고 사랑도 키워낼 것이다.

바보처럼 잊어준다

♥

사랑도 쉽지 않지만 결혼은 더 어렵다. 결혼은 사랑만으로
는 안 된다고 한다. 훨씬 더 많은 노력과 기술이 있어야 결혼
생활을 이어갈 수 있다. 영국 작가 팀 로트(Tim Lott)는 유력
일간지 〈가디언(The Guardian)〉에 기고한 글에서 성공적인 결
혼생활을 위해서는 사랑 말고 세 가지가 더 필요하다고 했다.
소통과 존중과 신뢰가 그것이다.

상대의 말을 더 잘 들어주는 것이 소통의 기본이다. 또 자
신의 의사를 정확히 전달해야 좋은 소통이다. 좋은 소통을 위
해서는 듣고 말하는 훈련이 필요하다.

존중은 어쩌면 사랑보다 더 중요하다고 팀 로트는 말한다.
사랑은 왔다가 가고 커졌다가 작아지기도 하지만, 한번 생겨

난 존중의 마음은 꾸준히 지속된다. 상대를 존중하는 커플은 사랑도 깊어진다.

사랑 말고도 필요한 세 번째가 신뢰다. 우리는 연인에게 자주 실망한다. 상대가 바람을 피운다거나 거짓말을 하는 등 심각한 잘못을 하지 않아도 그렇다. 약속이 지켜지지 않고 기대가 어긋나면 실망감을 느낀다. 상대를 신뢰하려면 어떻게 해야 할까? 가장 중요한 것은 실망스러운 기억에서 벗어나는 것이라고 팀 로트는 강조한다. 상대의 사소한 잘못이나 내가 겪은 아픔을 잊어버려야 한다. 만일 이런 과거에 붙잡혀 있다면 깊은 실망의 수렁 속으로 자꾸 빠져들 것이다.

과거의 나쁜 것을 잊어야 행복한 결혼이 가능하다는 지적이다. 행복한 연인관계를 위해서도 역시 망각의 습관이 필요하다. 과거를 묻어버리는 잊어버림의 미덕은 '렛잇고' 정신이라고 부를 수 있겠다. 애니메이션 〈겨울왕국〉의 엘사가 눈 쌓인 산 속으로 도망치듯 들어가 홀로 노래를 부른다. "렛잇고, 렛잇고, 캔트 홀드 잇 백 애니모어(Let it go, let it go. Can't hold it back anymore)."

렛잇고는 '그것이 가게 내버려두라'는 것이다. 신경 쓰지 말고 잊자는 뜻이다. 더 이상 고민거리들을 붙잡고 있을 수 없으니 지나간 것들은 다 잊자는 자기 다짐이 렛잇고다. 엘사가 '잊어버리자'고 마음먹었을 때 그녀는 홀가분했고 행복이 찾아왔다. 많은 인간관계에서도, 그리고 연애에서도 렛잇고 정신이 필요하다. 작은 것들은 훌훌 털어버리는 능력자가 더 행복한 사랑꾼이 될 수 있다. 과거를 잊고 신뢰를 회복할 때 우리의 사랑이 더 튼튼해질 수 있다.

상대의 작은 잘못들을 잊지 못할 때 어떤 일이 벌어질까? 최악의 경우 관계 파탄, 혹은 이혼이다.

2013년 미국 덴버 대학교의 심리학자 셸비 B. 스콧(Shelby B. Scott)이 이혼한 사람들 52명을 대상으로 심층 연구를 진행했다. 가장 흔한 이혼 사유는 세 가지였다. 외도, 다툼, 그리고 헌신의 부족이다. 이 중에서도 가장 흔한 것이 외도다. 아내 혹은 남편 이외의 사람과 눈이 맞아 사랑에 빠지면 결혼은 깨질 수밖에 없다.

두 번째로 많은 이혼 사유는 다툼이었다. 말싸움하면서 서로에게 상처를 주고 자존감을 찢으면 자연히 원수가 될 수밖에 없다. 그런데 연구팀이 밝혀낸 흥미로운 사실이 있다. 말다툼은 아주 사소한 데서 시작되어 점점 큰 싸움으로 번진다는 것이다. 중요하지 않은 문제로 싸우다가 지쳐서 헤어진다. 대부분의 연인 혹은 기혼자들이 공감할 이야기다. 말다툼은 작은 것에서 시작해 심각한 결과를 낳는다.

그런 비극을 피하려면 작은 문제점은 넘겨야 한다. 그리고 잊어버려야 한다. "렛잇고"라고 외쳐야 하는 것이다. 작은 문제를 금방 잊지 못하고 마음속에 쌓아두면 다툼의 가능성은 커지고 관계 파탄의 위험도 현실화된다. 아픈 기억이나 실망했던 일은 빨리 잊고 신뢰를 쌓는 것이 사랑의 성공 비결이다.

기억력 천재는 사랑의 승자가 되기 어렵다. 건망증 환자가 사랑의 전쟁터에서 유리하다. 바보처럼 많이 잊어버리는 사람이 사랑의 능력자다.

상처에 대한 기억을 자주 잊어야 하는 것이 연인관계의 중요 규칙 중 하나라면, 우리는 유명한 우화 속의 고슴도치를 닮았는지 모른다.

강추위가 몰아쳐 많은 동물들이 죽어나갔다. 고슴도치들은 어떻게 하면 살 수 있을지 궁리했다. 답은 서로 껴안아 체온을 나누면서 추위에 맞서는 것이었다. 그런데 가시가 문제였다. 서로를 찔러 아프게 했던 것이다. 한동안 버티던 고슴도치들은 결국 몸을 떨어뜨렸다. 그러자 또 다시 추위에 떨어야 했고, 어떤 고슴도치는 정신을 잃기도 했다. 이러다가는 모두 동사할 상황이었다. 고슴도치들은 다시 몸을 붙였다. 그리고 가시에 찔리는 아픔을 참아냈다. 덕분에 동사하는 신세를 면할 수 있었다. 몸에는 가시에 찔린 상처가 가득했지만 모두 생존할 수 있었다.

고슴도치들은 어렵사리 살아남았다. 대신 서로를 찌르고 상처를 남겨야 했다. 어쩌면 연인관계도 이런 것인지 모른다. 연인과 이별하면 죽을 것만 같다. 사랑하는 사람이 떠나면 자신의 인생도 이 세상도 다 끝난 것 같다. 그런데 막상 함께 지내면 행복을 느끼는 만큼 상처도 생긴다. 아픈 기억 또한 점점 누적된다.

결혼을 하면 충돌은 더욱 빈번해지고 고슴도치 가시에 찔린 것 같은 상처들도 생긴다. 이런 상처는 사랑하고 함께 있었기 때문에 생기는 것이다. 어떤 사람과 사랑해도 상처를 피할 수 없다. 그러니 중요한 것은 망각의 기술이다. 상처를 피할 수 없다면 너그럽게 잊어줘야 하는 것이다.

공감하고 사과하고 웃겨라

아버지가 노루발장도리를 아들에게 건넸다. 먼저 나무판에 못을 여러 개 박도록 하고, 그 다음 못을 빼게 했다. 못은 어렵지 않게 뺄 수 있었지만 나무판에 구멍들이 여전히 남아 있었다. 못이 박혔던 자국은 어떻게 메울 수가 없었다. 아버지는 아들에게 알려주고 싶었다. 상대방에게 주는 상처가 그런 것이라고 말이다. 일단 마음에 상처를 줬다면 못 자국처럼 남아 영원히 사라지지 않는다는 것이다.

이 이야기는 타인에게 상처를 주지 않도록 조심해서 말하고 행동해야 한다는 교훈을 담고 있다. 의미는 좋지만 지나치게 비관적인 것은 아닐까. 마음의 상처가 영원히 없어지지 않는다면 너무 슬프다. 의도하지 않고도 상처를 주고받는 게 우리의 일상이다. "너는 틀렸어", "너 보기 싫어", "너 때문에 짜증 나" 등 나쁜 말을 주고받으며 산다. 실수한 말 한마디가 연인이나 친구에게 상처가 될 때도 있다. 그런 상처들이 못 자국처럼 영원히 남고 치유할 수 없다면 절망적이지 않은가.

미국 심리학자 존 고트먼의 이론에 따르면, 마음의 상처를 치유하는 것이 불가능하지 않다. 단, 노력을 많이 쏟아야 한다. 고트먼 박사는 행복하게 사는 커플들의 생활을 관찰하면서 그들의 행동과 말을 세세히 분석했다. 그렇게 밝혀낸 것이 '1대 5 규칙'이다. 행복하게 사는 커플들도 서로에게 상처를 입힌다. 다만 상처를 줬다면 위안을 다섯 배 주는 것으로 확인됐다. 상처를 줄 때와 위안을 줄 때의 비율이 1 대 5다. 한 번 아프게 했다면 다섯 번 따뜻하게 대해주는 식이다.

상대방에게 상처를 주는 부정적 언행에는 비판하기, 화내기, 무시하기가 있다. 비판한다는 것은 상대가 틀렸다고 주장하는 것이다. 잘못했다고 깎아내리는 것도 비판이다. "너는 완전히 잘못했다"라는 비판을 듣는 사람이 기분 좋을 리 없다. 자신의 입장이 전혀 이해받지 못하고 비난의 대상이 돼야 하는 게 아주 싫을 것이다.

배우자나 애인에게 분노를 터뜨리는 것도 부정적 언행이

다. 상대의 행동에 얼굴을 붉히거나 언성을 높이면서 반응하는 사람들이 적지 않다. "다 집어치워"라고 소리를 지르면 화가 난 것이다. 이런 분노를 뒤집어쓰는 사람은 두려움을 느낀다. 분노가 경멸의 감정이나 비난과 함께 폭발하면 관계에 더 악영향을 미친다.

상대를 무시하는 것도 부정적 언행의 한 부분이다. 연인이나 배우자의 말과 행동이 가치 없다고 여기는 태도다. "너는 말도 안 되는 소리만 한다"가 무시의 발언이다. 감정이 격해지면 눈앞에 있는 사람의 존재 자체를 무시하면서 대응하지 않는 경우도 있다. 상대방의 마음에 상처가 남을 수밖에 없다. 마음에 큰 못이 박히는 셈이다.

현실에서 비판과 분노와 무시는 흔한 일이다. 갈등이 생기면 연인이나 배우자의 마음을 아프게 하려고 공격한다. 그런 공격성이 비판이나 분노나 무시로 표현되는데 이런 일이 자주 있다. 우리 보통사람들의 한계다.

말과 행동으로 상대방을 아프게 했다면 그 다음이 문제다. 행복한 관계를 유지하는 연인 혹은 부부는 마음의 상처를 치유하기 위해 적극적으로 노력한다. 일단 싸웠으면 따뜻한 화해를 시도해야 하는 것이다. 치유와 화해를 가능하게 하는 긍정적 언행에는 여섯 가지가 있다.

🔖 행동 1. 공감하기

다투는 과정에서 상대방이 어떤 주장을 할 것이다. 왜 그런 주장을 했을까 고민하고 이해해주는 태도가 공감이다. 공감을 드러내는 표현들이 있다. "당신이 그렇게 말한 걸 이해해." "생각해보니 네 주장에 일리가 있어." "나 같아도 그런 생각이 들었을 거야."

🔖 행동 2. 따뜻한 터치

갈등은 정점에 도달했다가 식게 마련이다. 화를 내고 서운했던 마음도 조금 풀어지게 된다. 슬며시 손을 잡거나 어깨에 손을 올린다. 또는 가까이 붙어 체온을 나눈다. 이런 터치가 싸우면서 생긴 마음의 상처를 치유할 것이다.

🔖 행동 3. 사과하기

미안하다고 말하면 된다. 입이 떨어지지 않겠지만 힘을 내서 사과하면 위기에 빠진 관계가 원상회복될 수 있다. 단, 무작정 저자세는 곤란하다. "내가 처음부터 끝까지 잘못했다"고 말하는 건 진심일 수가 없다. "내가 그렇게 말한 이유가 있지만 표현 방법이 큰 잘못이다"라고 말하는 게 낫다.

🎉 행동 4. 관심 갖기

상대방의 마음에 호기심을 가져야 한다. 왜 그렇게 말했을까, 그런 주장을 했던 이유는 무엇일까 궁금하게 여겨야 할 것이다. 궁금하면 물어보면 된다. 상대방은 기쁠 것이다. 관심을 받았기 때문이다. 서로 관심을 갖는 행동이 반복되면 이해와 사랑이 깊어진다. 갈등을 겪어도 빠르게 회복할 수 있다.

🎉 행동 5. 행복 떠올리기

싸우고 나면 이런 연애나 결혼생활을 왜 하는지 스스로 의심한다. 때로는 시작하지 말았어야 할 관계라고 믿게 된다. 편파적이고 부정적인 태도다. 실제로는 연인과 배우자가 행복도 준다. 감격스럽고 기쁜 일도 많다. "결혼해서 행복도 많이 느끼고 있잖아"라고 자신에게 말하고, 상대에게도 표현한다. 관계 속의 행복을 향해 시선을 던지면, 싸우다 입은 마음의 상처가 빠르게 치유될 수 있을 것이다.

🎉 행동 6. 웃음 선물하기

웃음은 보이지 않는 상처를 치유하는 명약이다. 작은 선물을 하면 좋다. 꽃도 나쁘지 않다. 상대방은 미소를 지을 것이다. 재미있는 말과 행동으로 큰 웃음을 선물할 수 있다. 웃음을 선물하기 위해 노력한다는 것은 "너의 행복이 나의 행복이다" 라는 메시지를 전하는 것과 다름없다. 내가 먼저 웃을 수도 있다. 미소 띤 얼굴을 보여주는 것은 화해와 치유를 가능하게 하는 따뜻한 행동이다.

상대를 비난했거나 상대에게 화를 냈다고 하자. 한 번 그런 행동을 했다면 공감, 사과, 터치, 웃음 선물 등 긍정적 언행을 다섯 번 해야 한다. 그래야 상처가 치유되고 부부나 연인이 행복한 관계를 지속할 수 있다.

왜 따뜻하고 긍정적인 언행을 더 많이 해야 할까? 부정적 언행은 깊은 상처를 남기기 때문이다. 부정적 말과 행동은 날카롭게 마음을 할퀸다. 상처라는 게 생기기는 쉽지만 치유는 어렵다. 몸에 상처가 나면 약을 여러 번 바르고 오래 기다려야 한다. 마음의 상처를 치유할 때도 마찬가지다. 한 번 마음을 다치게 했다면 따뜻한 말과 행동을 여러 번 반복해야 한다.

긍정적 언행의 비율이 낮으면 문제가 된다. 따뜻한 말과 행동이 적다면 커플은 불행을 느끼게 되고, 심한 경우 관계가 깨질 수도 있다.

부정적 언행과 긍정적 언행의 비율이 1 대 1 정도면 관계는 위험하다. 상처를 주는 나쁜 말을 한 번 하고, 따뜻한 말도 한 번 하는 식이다. 따뜻한 치유의 노력이 다섯 배는 돼야 하는데 터무니없이 부족하다. 상처는 점점 깊어질 수밖에 없다.

정확히는 1 대 0.8 이하인 커플이 심각한 문제에 부딪힌다. 많은 경우 이혼을 했다는 것이 고트먼 박사의 연구 결과다. 나쁜 언행을 열 번 하고, 좋은 말이나 행동은 여덟 번 하는 셈이다. 부정적 언행이 긍정적 언행보다 더 많은 상황이다. 공격하고 화를 낸 후에도 사과 등 따뜻한 치유에 나서지 않는 것이다. 이런 경우 시간이 지나면 상처가 가슴을 가득 채울 것이다. 행복할 수가 없다. 관계가 유지되면 그게 오히려 이상하다.

이별이나 이혼은 대체로 누적된 결과다. 갑자기 큰일이 하나 터져 그 때문에 헤어지는 경우는 많지 않다. 수개월 또는 수년 동안 쌓인 불만과 원망이 관계를 파탄 낸다. 사랑의 관계는 한 번의 폭발로 일시에 무너지는 것이 아니라 작은 구멍들이 점점 커지면서 서서히 붕괴하는 것이다. 그러니 평소에 잘해야 관계가 유지될 수 있다. 일상적으로 따뜻한 말과 행동을 자주 해서 믿음을 쌓아야 미래에 닥칠 위기를 극복할 수 있다.

고트먼 박사의 1 대 5 규칙은 '마법의 비율'이라고 불린다. 이 비율을 지키면 사랑은 생명을 유지하고 행복이 마술처럼 피어날 수 있다는 것이다. 사랑을 붕괴시킬 작은 구멍들이 생기지 않게 미리 막으려면 평소에 1 대 5 규칙을 따르는 게 좋다. 1 대 5 규칙은 연인이나 부부 사이에서만 유효한 것이 아니다. 부모와 자식 간의 관계, 친구 관계, 그리고 사회생활에도 적용될 수 있다.

예를 들어 자녀에게 한 번 야단을 쳤다면 최소한 다섯 번은 따뜻하고 부드러운 언행으로 마음을 달래야 한다. 야단을 맞은 아이의 마음에는 상처가 남는다. 야단이란 비판과 다르지 않기 때문이다. "네가 틀렸다" 혹은 "네가 잘못했다"는 비난이 야단이다. 자녀는 무시를 당한다는 느낌을 받을 수도 있다. 자신에게는 그렇게 행동하고 말할 나름의 이유가 있었는데 부모가 이해하지 않고 무시한다고 느낄 수 있는 것이다.

또 부정적 비판은 아이가 자신감을 잃게 만들 수도 있다. 야단을 맞은 아이는 가슴에 상처가 생기고 무력감을 느끼는 것이 당연하다. 부모가 생각하는 것보다 자녀는 더 큰 타격을 입었을 수 있다. 최소 다섯 배는 보상을 해주겠다는 '각오'가 필요하다. 더 관심을 보이고, 미안하다고 사과하고, 웃음을 선물하려는 노력이 있어야 부모와 자녀 사이의 좋은 관계가 유지된다.

친구 사이에도 마찬가지다. 가까운 친구들도 실수로 마음을 다치게 하는 일이 있다. 직장 동료 사이에서도 역시 같다. 상처를 주는 언행을 최소화하는 대신 자주 따뜻하게 대해줘야 관계가 좋아지고 편안해진다. 1 대 5 규칙은 원래 사랑의 전략이지만, 다양한 인간관계에서도 도움을 줄 지침이다. 행복해지고 싶다면 더 자주 따뜻하게 말하고 행동하라는 게 핵심 내용이다.

다시 뜨겁게

♥

첫 데이트는 떨린다. 두 번째 데이트는 설렌다. 세 번째 데이트는 짜릿하다. 그런데 오십 번째 데이트는 무덤덤하다. 특별하게 느껴지지 않는다. 데이트가 반복되면 종국에 우리는 데이트의 즐거움에 무뎌진다.

점점 시들해지는 것이 데이트의 운명인데, 데이트의 행복감을 되살리는 방법은 전혀 없을까? 완치까지 바라지 않는다면 심심해지는 데이트를 구해낼 방법이 있다. 연애 및 관계 전문가들이 추천하는 방법을 소개한다.

🎲 Tip 1. 긴장감 있는 더블데이트

다른 연인들과 자리를 함께하면 데이트의 권태감을 달래는 데 도움이 된다. 몇 쌍의 연인들이 모여서 여행을 가고, 음식을 먹고, 차나 술을 마시는 것이다. 더블데이트는 권태로운 연인에게 활력을 준다. 무엇보다 긴장감을 불러일으키기 때문이다.

잘 모르는 사람을 만나면 우리는 긴장한다. 더 정중해지고 상대의 호감을 사기 위해 노력한다. 애인의 그런 모습은 나에게 매력적으로 보인다. 또 더블데이트 현장에서는 내 애인이 다른 사람의 말에 웃는다. 다른 사람 덕분에 즐거워하고 다른 사람의 칭찬을 받아 행복해한다. 내 애인이 나의 소유가 아니라는 무의식적 자각이 든다. 이 긴장감은 애인에 대한 새로운 감각을 불러일으킨다. 권태를 이길 힘이 될 수도 있다.

권태감의 근본 원인은 안정감이다. 위기가 닥쳐도 사랑이 깨지지 않을 것 같다고 생각할 때 안정감이 든다. 애인이 다른 누군가에게로 달아나지 않을 거라고 확신할 때 안정감을 느낀다. 그런데 이런 편안한 마음은 긴장을 늦춘다. 감사에도 무뎌지게 만든다. 더블데이트는 긴장감을 자극해 데이트 권태기를 극복하도록 돕는 힘이 있다.

🎗️ Tip 2. 연인과 목표를 공유한다

애인과 만나 항상 놀 수만은 없다. 사랑이 깊어지면 두 사람의 미래를 같이 계획하게 된다. 자격증 또는 취업 시험, 대학원 진학을 준비하면서 데이트를 즐길 수 있다. 공통의 목표를 갖고 있으면 이상적인데, 아니어도 된다. 각자의 꿈을 위해 노력하고 서로 응원하는 것도 좋을 것이다.

목표를 갖고 있으면 사랑의 권태기를 극복할 수 있다. 목표가 절실하고 두 사람이 그것을 향해 가고 있다면, 권태기가 찾아올 틈이 없을 것이다. 미래를 향해 함께 나아가는 커플은 시련 앞에서 강하다. 미래의 꿈을 함께 가꾸는 연인은 사랑도 오래 할 수 있다고 한다.

🎗️ Tip 3. 첫 데이트를 재현한다

기억력이 좋지 않아도 누구나 첫 데이트의 세세한 상황을 떠올릴 수 있다. 첫 데이트의 강렬한 기억은 뇌리에 남는다. 당시의 심정, 그때 주고받은 대화, 순간 스쳐지나간 표정 등은 선명하게 기억된다.

데이트가 무덤덤해졌다면 첫 데이트를 재현하는 것이 큰 도움을 준다고 많은 전문가들이 말한다. 첫 데이트 또는 데이트 초반에 갔던 장소를 찾아가는 것이다. 또 처음 만나 나눈 대화나 문자 메시지를 상기하는 것도 좋은 방법이다. 사랑의 추억이 떠오르면 현재의 사랑이 얼마나 소중한지 다시 깨닫게 될 것이다.

Tip 4. 새로운 데이트를 꾸민다

오래된 연인들은 편안한 데이트에 만족해서는 안 된다. 가끔은 신나는, 익사이팅한, 아드레날린이 뿜어져 나오는 데이트를 꾸며야 한다. 이런 활동적이고 뜨거운 데이트는 강렬한 유대감을 일으킨다고 한다. 한편 요가처럼 정적이면서 많은 에너지를 만들어내는 활동도 좋다.

미국 심리학자 새디 레더-엘더 박사가 새로운 놀이를 즐기는 커플은 관계 만족도가 더 높아진다고 지적하면서, 50가지 '익사이팅 데이트'를 추천했다. 그 중 30가지를 여기 소개한다. 모범답안은 아니더라도 막막한 상황에서는 좋은 참고가 될 수 있다.

- 고카트(gocart) 레이싱
- 페인트볼 쏘기 게임

- 유기동물 보호소 자원봉사

- 롤러코스터 타기

- 워터 래프팅

- 스카이다이빙

- 워터파크 가기

- 번지점프

- 등산 또는 소풍

- 댄스 강습 받기

- 트램펄린

- 아이스 스케이팅

- 새벽 강변 산책

- 숨바꼭질

- 에베레스트 등반

- 신나는 눈싸움

- 함께 근육 키우기

- 프로야구 응원

- 노래방 가기

- 짚라인(zip-line) 타기

- 낯선 곳으로 여행 가기

- 무서운 영화 보기

- 2인용 자전거 타기
- 콘서트 가기
- 패들보드 타기
- 주변 맛집 찾아가기
- 템플스테이
- 요가 강습 받기
- 지하철 종점 여행
- 박물관·식물원·공원 가기

사랑은 작은 것에도 감사하다

선생님이 아이들에게 질문을 했다. 세상에서 가장 신비롭다고 생각하는 게 무엇이냐는 것이었다. 아이들마다 차이가 조금 있었지만 대부분 비슷한 답을 했다. 아이들이 많이 꼽은건 다음과 같은 세계 명소였다.

- 이집트 피라미드
- 인도 타지마할
- 미국 그랜드캐니언 협곡
- 미국 엠파이어스테이트 빌딩
- 중국 만리장성

그런데 한 아이가 자신의 생각을 담은 종이를 내지 않았다. 선생님이 다가가 아직 못 정했냐고 물었더니 아이는 너무 많아서 어렵다고 호소했다. 다섯 가지 정도만 적어서 편하게 읽으면 된다고 용기를 주자, 아이는 곧 "내가 생각하는 가장 신비로운 일은 이런 거예요"라며 발표를 했다.

- 아름다운 세상을 볼 수 있는 것
- 음악을 들을 수 있는 것
- 친구들과 웃을 수 있는 것
- 가족과 사랑을 나눌 수 있는 것
- 귀여운 강아지를 만질 수 있는 것

순간 교실은 고요해졌다. 선생님과 친구들은 아무 말도 할 수 없었다. 세상의 신비로운 것들은 사실 거대한 건축물이나 자연지형이 아니었다. 우리가 일상에서 겪는 작은 경험들과 미세한 감각들이야말로 진정한 기적이다.

사랑의 관계에서도 작은 것이 소중하다. 사랑을 하면 작은 행동으로도 상대방을 행복하게 만들 수 있다. 바꿔 말하면 작은 것에서도 사랑의 기쁨을 느낄 수 있다.

사랑하는 사람들은 섬세해진다. 부탁하지 않았는데도 커피를 내려준다거나, 슬쩍 다가와 어깨를 마사지해주거나, 벨이 울리는 휴대전화를 가져다주거나, 기대하지 않았는데 맛있는 빵을 사다주는 일 같은 아주 작은 친절에는 노력이 많이 필요하지도 않다.

2011년 미국 버지니아 대학교의 연구팀이 1천400여 커플을 대상으로 조사한 결과에 따르면, 이런 '작은 서비스'를 해주며 서로를 돌보는 커플은 행복했다. 친절 행위를 많이 하는 부부와 적게 하는 부부를 비교해보니 전자가 "아주 행복하다"고 답하는 비율이 세 배까지 높은 것으로 나타났다.

이미 사랑이 깊은 사이에는 비싼 선물을 하거나 큰 이벤트를 열 필요가 없다. 멀리 여행을 가야 하는 것도 아니다. 작은 친절 또는 사소한 서비스만으로도 행복감을 크게 높일 수 있다. 사랑이 깊다면 서로의 목소리를 듣거나 상대의 얼굴을 바라보는 작은 일상들이 가장 신비로운 경험이 될 수 있다.

행동 대신 간단한 말로 상대의 행복도를 급상승시키는 것도 가능하다. 뉴질랜드 오클랜드 대학교의 테리 오벅(Terri Orbuch) 박사는 단순하고 짧은 칭찬이야말로 그 어떤 행동보다 강력한 행복 효과를 낳는다고 말한다. 두 사람의 사랑을 깊게 만드는 것은 물론이다.

- "당신은 매력적이네요."
- "당신은 제일 좋은 아빠예요."
- "당신이 이렇게 멋진 사람이어서 고마워요."

"예뻐요"도 되지만 "매력적이에요"가 복잡하고 흥미로운 뉘앙스를 풍긴다. 이런 말을 툭 던지면 기대 못한 친절 행위처럼 '서프라이즈'를 선물하게 된다. 또 누구나 좋은 아빠가 되고 싶다. "당신은 좋은 아빠"라는 말은 큰 소망을 이루었다는 칭찬이다. 상대의 존재 자체를 높이 평가하는 "당신은 멋진 사람"이라는 말도 듣는 사람의 기분을 고양시킬 것이다.

사랑하는 사람들은 작은 것에서 행복을 찾아내는 능력을 갖게 된다. 감각이 훨씬 섬세해지는 것이다. 그 때문에 작은 말과 작은 행동도 감동을 줄 수 있다. 말하자면 가심비가 높은 행복을 누릴 수 있다. 이것이 사랑의 기쁨 중 하나일 것이다.

귀찮은 집안일도 행복의 원천이 될 수 있다. 물론 가사노동 자체가 즐거울 수는 없다. 식사 준비나 청소와 설거지 등은 피곤한 노동이다. 아이를 먹이고 씻기고 재우는 것도 힘든 일이다. 하지만 피로감을 줄이고 행복감이 커지게 하는 방법이 있다.

2013년 미국 UCLA에서 연구한 바에 따르면, 집안일을 나누기로 합의한 부부는 더 행복한 것으로 확인됐다. 또 두 사람의 관계를 더욱 좋게 평가했다. 단, 조건이 있다. 정확하게 할 일을 나눠야 한다. 식사 준비, 청소, 설거지, 쓰레기 치우기, 아이 돌보기 등 다양한 집안일 가운데 누가 어떤 일을 책임질지 명확히 정할 때 만족도가 높아진다는 설명이다.

부부는 사전에 마주보고 앉아 분담을 해야 한다. 자신의 책임이 분명해지면 계획을 세워 일할 수 있다. 언제 시작하고 언제 끝날지 가늠할 수 있으니 훨씬 낫다. 해도 해도 일이 끝나지 않는다고 푸념하지 않게 된다. 또 상대의 할 일이 명확하면 채근하고 간섭할 일도 줄어든다. 믿고 맡기면 된다. 다시 말해 '시스템'을 갖추어서 집안일을 나누면, 스트레스는 줄고 만족도는 높아지는 것이다.

집안일을 함께 나누려는 작은 배려도 자발적인 친절 행위에 속한다. 짧은 칭찬처럼 사랑의 기쁨을 배가하는 효과적인 기술이 될 수 있음은 물론이다.

연애의 모든 순간에 대하여

사랑; 짓

초판 1쇄 인쇄 2018년 10월 26일
초판 1쇄 발행 2018년 11월 2일

지은이   이정
발행인   김승호
펴낸곳   프리즘
편집인   서진

편집진행   이병철
마케팅   김정현, 이민우

디자인   강희연

주소   경기도 파주시 문발로 165, 3F
대표번호   031-927-9965
팩스   070-7589-0721
전자우편   edit@sfbooks.co.kr
출판신고   2015년 8월 7일 제406-2015-000159

ISBN 979-11-88331-48-2 03190
값 15,000원